W0047091

Jörg Alt

**Widerstand!**

# JÖRG ALT

# WIDER STAND!

## GEGEN EINE WIRTSCHAFT, DIE TÖTET

Vier-Türme-Verlag

**Bibliografische Information der Deutschen Nationalbibliothek**

Die Deutsche Nationalbibliothek verzeichnet diese Publikation in der Deutschen Nationalbibliografie. Detaillierte bibliografische Daten sind im Internet über http://dnb.d-nb.de abrufbar.

1. Auflage 2022
© Vier-Türme GmbH, Verlag, Münsterschwarzach 2022
Alle Rechte vorbehalten

Lektorat: Marlene Fritsch
Umschlaggestaltung: Finken und Bumiller, Stuttgart
Druck und Bindung: Pustet, Regensburg
ISBN 978-3-7365-0453-0

*www.vier-tuerme-verlag.de*

# Inhalt

# I    Vorwort

Lange Jahre waren mir Artensterben, Klimawandel und anderes zwar irgendwie als Problem bekannt, aber ich hielt es nicht für dringlich. Ich erinnere mich noch gut an meine Reaktion auf die Kyoto-Verhandlungen 1997: »Kompliziertes Zeug – das überlasse ich den Experten.« Und auf den Fehlschlag von Kopenhagen 2009: »Naja, dann klappt es halt beim nächsten Mal!«

Erst Greta Thunberg und die Bewegung Fridays For Future, die mit der Schulpflicht brachen aus Sorge um ihre Zukunft, waren Anlass, mich näher mit diesen Problemen zu beschäftigen und beispielsweise verstehen zu wollen, was Klima-Kipppunkte sind. Erst recht schockierte mich dann die Bereitschaft von sechs jungen Menschen, vor der Bundestagswahl 2021 in einen unbefristeten Hungerstreik zu treten, um sicherzustellen, dass die drei KanzlerkandidatInnen neben Corona, Wirtschaftswachstum und der Schwarzen Null den Themen wie Klimawandel, Artensterben und den Sorgen der jungen Generation eine gleich große öffentliche Beachtung schenken.

Zunehmend wächst meine Wut. Ich frage mich: Wie konnte es so weit kommen, dass junge Menschen mit ihrer Bereitschaft, sich zu Tode zu hungern, darauf aufmerksam machen müssen, dass der Klimawandel schon jetzt abseits der Kameras Hungertote fordert? Zugleich wachsen meine Liebe und Bewunderung für all jene, die seit Jahren alles riskieren, um die Gesellschaft aufzurütteln – ihr Studium, gute Noten, ihre Karriere, ein einwandfreies Führungszeugnis, ihren guten Ruf ...

Wie sehr man sich bislang auch bemühte: Wirtschaft, Gesellschaft und Politik mögen inzwischen die Sprache der Fridays For Future sprechen, aber der Graben zwischen Reden und Handeln ist nach wie vor groß und weit. Das belegen »Klimapäckchen« nationaler Regierungen, unzureichende Ergebnisse der Glasgower Klimakonferenz und die Diskrepanz zwischen Absichtsbeteuerung und präzisen Festlegungen im Koalitionsvertrag der neuen Bundesregierung. Wenn jedoch Wirtschaft, Gesellschaft und Politik das Unvermeidliche und Erforderliche immer noch verdrängen oder nicht einsehen wollen oder können? Oder eine Notlage keine Zeit mehr für herkömmlich-bewährte Methoden lässt? Was bleibt dann an Möglichkeiten? Dieses Buch beschäftigt sich daher mit Zivilem Ungehorsam und Zivilem Widerstand.

Bevor es losgeht, wie üblich einige wichtige Vorbemerkungen:

- Anders als in früheren Büchern kann ich mich dieses Mal kaum auf Literatur stützen, die auf ausreichend belegten Forschungsergebnissen basiert.

Weil es um Prozesse geht, die jetzt gerade im Gang sind, ist auch die Reflexion darauf ein laufender Prozess.

- Dabei referiere ich Diskussionen, an denen ich teils beteiligt bin, die ich teils nur zur Kenntnis nehme. Wichtig ist es mir aber, mit diesem Buch eine konstruktive Diskussion von Motivation und Mitteln anzustoßen und darüber im Gespräch mit Akteuren und Verantwortlichen zu bleiben.

- Um der Kürze sowie besserer Lesbarkeit willen verzichte ich auf konsequentes Gendern.

- Mein Schwerpunkt liegt auf der katholischen Tradition, da ich die protestantische nicht gut genug kenne.

- Ich danke den 21 Test- und GegenleserInnen. Deren Rückmeldungen haben sehr zur Lesbarkeit dieses Buchs beigetragen. Vergelt's Gott!

- Sicher werden Sie an vielen Stellen sagen: »Dazu bräuchte es einen Beleg« oder »Dazu würde ich gerne mehr lesen«. Hierfür biete ich eine nach (Unter-) Kapiteln angelegte, ausführliche Bibliografie online an unter *https://tinyurl.com/LiteraturWiderstand*

- Aktuelles findet Berücksichtigung bis zur Abgabe des Manuskripts am 1. Juni 2022.

# 2  Einführung

»Handelt!«, der erste Band meiner Themenreihe zur sozial-ökologischen Transformation, richtete sich in erster Linie an Christen und Kirchen. Dies ist in Zeiten, da wir es nicht länger mit Einzelkrisen, sondern einer systemischen Krise zu tun haben, deshalb von Bedeutung, weil jedes kritisierte System aus Sicht der in sozialen Bewegungen Aktiven auf sechs »Säulen der Unterstützung« ruht, die es stabilisieren: Regierung, Medien, Sicherheitskräfte, Wirtschaft/Gewerkschaften, (Hoch-)Schulen sowie Kirchen und Glaubensgemeinschaften. Letztere deswegen, weil hier grundlegende Werte, die eine Gesellschaft prägen, bewahrt und weitergegeben werden und deshalb deren Organisation und systemische Struktur beeinflussen. Daraus folgt: Wollen wir systemische Missstände beseitigen, gilt es, Menschen, die diesen »Säulen« zuzurechnen sind, dafür zu gewinnen, sich von der Unterstützung des Bestehenden abzuwenden und stattdessen Veränderung mitzutragen. Hinsichtlich Kirche und Religion bedeutet dies, dass es wünschenswert wäre, wenn sich Gläubige für eine »moralische Revolution« bei den gesellschaftlichen Leitwerten engagieren würden und so dabei helfen, bisherige Leitwerte zu ächten und durch neue Leitwerte zu ersetzen. Konkret: Wollen wir nach jahrzehntelanger Dominanz des

Neoliberalismus ein sozial gerechteres und ökologisch nachhaltigeres System installieren, dann sind auch Kirchen und Glaubensgemeinschaften gefordert, insbesondere wenn sie Instrumente wie die Katholische Soziallehre besitzen.

Im zweiten Band meiner Themenreihe, »Einfach anfangen!«, legte ich dar, was genau am bisherigen System das Überleben der Menschheit gefährdet, warum es sich so hartnäckig und erfolgreich hält und wie wir uns davon schrittweise befreien können. Wir haben alle nötigen Mittel und Möglichkeiten, so meine These, um das Ruder noch herumreißen zu können – wir müssen es nur endlich tun. Und das führt zur Notwendigkeit des hier vorgelegten Buchs.

Denn obwohl wir alle wissen, was das Problem ist, obwohl wir alle wissen, was getan werden müsste und könnte, geschieht einfach nicht genug und nicht im erforderlichen Tempo. Die jungen Menschen bei Fridays For Future gingen auf die Straßen und verweigerten den Schulunterricht. Dabei wurden sie unterstützt von Scientists For Future, einem Zusammenschluss von fast 30.000 Wissenschaftlern in den deutschsprachigen Ländern. Es kam zu Demonstrationen, Petitionen, Meetings, Absichtserklärungen und Versprechen. Faktisch ist daraus ein »Klimapäckchen« geworden, welches das Bundesverfassungsgericht umgehend in der Luft zerriss und an die Bundesregierung zurücküberwies, deren Nachbesserungsvorschläge aber ebenfalls die Note »ungenügend« verdienten. Auch die

26. Weltklimakonferenz in Glasgow änderte wenig daran, dass die Welt weiterhin auf Kurs zu einer drei Grad Celsius höheren Durchschnittstemperatur ist. Und so weiter und so fort.

»Was«, so fragen junge Menschen und ihre Unterstützer heute, »müssen wir noch tun, dass man unsere Sorgen endlich ernst nimmt und ins angemessene Handeln kommt?« Dabei berufen sie sich auch auf Papst Franziskus und seinen bekannten Ausspruch:

> Wie das Gebot »du sollst nicht töten« eine deutliche Grenze setzt, um den Wert des menschlichen Lebens zu sichern, müssen wir heute ein »Nein zu einer Wirtschaft der Ausschließung und der Disparität der Einkommen« sagen. Diese Wirtschaft tötet. (*Evangelii Gaudium* 2013, Nr. 53)

Aber *Evangelii Gaudium* ist in seiner Deutlichkeit keine Ausnahme. An anderer Stelle führt Franziskus aus: Diese Wirtschaft führt dazu, dass wir »mitten im Dritten Weltkrieg (stecken), allerdings in einem Krieg auf Raten«. Dabei wird Gewalt »›stückweise‹ auf unterschiedliche Arten und verschiedenen Ebenen ausgeübt (und verursacht) unermessliche Leiden, um die wir sehr wohl wissen: Kriege in verschiedenen Ländern ...; Formen von Missbrauch; Zerstörung der Umwelt« (Papst Franziskus, 2014 u. 2017).

Zunehmend dringlicher wird in unterschiedlichsten weltanschaulichen Gruppen der Zivilgesellschaft die Frage: Was ist zu tun, um ein »Weiter-So« zu stoppen? Um die Überlebensgrundlagen der Menschheit zu schützen und lebensdienlichere Praktiken zu fördern? Muss man verstärkt stören, wo das Wirtschaftssystem zerstört? Sand ins Getriebe streuen? Dem Rad in die Speichen greifen? Wenn ja, wie? Und mit welchen Mitteln?

Aus der Geschichte der Menschheit lernen wir, dass ein Umsteuern bei vielen Problemen stets mit kleinen Gruppen entschlossener Menschen begann, die sich mit dem Status Quo nicht mehr abzufinden bereit waren und dazu übergingen, Gesetzen den Gehorsam zu verweigern und ungerechten Gesellschaftsordnungen Widerstand entgegenzusetzen. Sie brachen soziale Konventionen, Traditionen und Gesetze im Namen von und Bezug auf vermeintlich oder tatsächlich höhere Wertnormen und scheuten den Konflikt mit der Mehrheitsgesellschaft nicht. Diese Menschen protestierten teils gewalttätig, teils gewaltfrei, teils in Mischformen. Sind diese Proteste anhaltend, können Mehrheitsgesellschaft und Machthaber sie irgendwann nicht mehr ignorieren und müssen sich dazu verhalten. Mal geschah dies, indem man den Protest zum Schweigen brachte, manchmal aber auch, indem man das Anliegen ernst nahm und Abhilfe schaffte. Leider geschah Letzteres allzu oft erst, nachdem die Realitäten nicht mehr zu leugnen waren und diese das System stärker bedrohten als der Protest.

Wir beobachten in unserer Zeit die beginnende Zerstörung unterschiedlichster, komplexer und miteinander vernetzter ökologischer, ökonomischer und sozialer Teilsysteme, ein drohender Kollaps der menschlichen Zivilisation wird uns von der Wissenschaft vorhergesagt. Zugleich klammern sich allzu viele an ihre Besitzstände und hoffen, dass alles nicht so schlimm werden wird, dass es nicht so schnell kommt, dass es nicht hier kommt, dass es ohne Verzicht gehen wird – was von den Profiteuren des »Weiter-So und Mehr-Davon« aktiv gefördert wird. All dies rechtfertigt meiner Meinung nach das Nachdenken über und das Praktizieren von Zivilem Ungehorsam und Zivilem Widerstand, zumal in jenen Ländern, die am Zustandekommen der herrschenden Probleme meistverantwortlich sind, am meisten profitieren, unter den Folgen am wenigsten leiden und zudem nach dem Prinzip der Leistungsfähigkeit die meisten Mittel haben, um umsteuern zu können.

Zuvor gilt es aber zu erklären, was ich unter »Gewalt«, und deshalb unter der Gewalttätigkeit unseres (Wirtschafts-)Systems verstehe.

# 3 Gewalt

Ich wähle eine soziologische Gewaltdefinition, denn diese folgt einer umfassenderen Sicht auf die Dinge als die einzelner Berufsgruppen wie etwa Juristen. Eine solche zitiert das auf der Website der Bundeszentrale für politische Bildung eingestellte Politiklexikon wie folgt:

> Gewalt bedeutet den Einsatz physischer oder psychischer Mittel, um einer anderen Person gegen ihren Willen a) Schaden zuzufügen, b) sie dem eigenen Willen zu unterwerfen [...] oder c) der solchermaßen ausgeübten Gewalt durch Gegengewalt zu begegnen (Schubert & Klein).

Ein ganz zentraler Punkt: Von Gewalt spricht man, wenn Menschen betroffen sind – insofern gibt es auch keine »Gewalt gegen Sachen« sondern »Sachbeschädigung« – dazu mehr in 7.3. Es gilt sodann zu beachten, dass es sich dabei nicht immer um physische Gewalt handelt, sondern um vielfältigste Formen von Druck, auf den Menschen mit vielfältigsten Gegenmitteln reagieren, um ihm standzuhalten, auszuweichen oder eben Widerstand zu leisten.

Auf den ersten Blick ist dies ein enger Gewaltbegriff, da er nur das Handeln von Personen gegen Personen zu betreffen scheint. Er wäre also passend, wenn wir im »Weltkrieg auf Raten« die kriegführenden Parteien tatsächlich kennen. Das aber ist möglich, denn wenn man genauer hinschaut, sind viele der ca. 250 zwischen- oder innerstaatlichen Kriege und Konflikte, die es seit Ende des Zweiten Weltkriegs weltweit gab und gibt, sogenannte »Stellvertreterkriege«, in denen Großmächte direkt (mit Soldaten) oder indirekt (durch Waffenlieferungen) beteiligt sind.

Gewalt kann aber auch strukturelle und kulturelle Ursachen haben, wie durch die Publikationen des Friedensforschers Johan Galtung bekannt wurde. Er erläuterte die Notwendigkeit, den Gewaltbegriff auszuweiten, wie folgt: Wenn ein einzelner Mann seine Frau schlägt, übt er direkte personale Gewalt aus. Wenn aber 1.000 Männer ganz normal und ungestraft ihre Frauen schlagen können, deutet dies auf diskriminierende Strukturen und kulturelle Normen hin. Ähnliches gilt für größere Kontexte: Wenn etwa die Lebenserwartung im globalen Norden ganz selbstverständlich doppelt so hoch ist wie an anderen Orten auf der Welt, dann ist der Grund für diese Tatsache ebenfalls in struktureller Gewalt zu suchen (Galtung, 1969, S. 171). Schaut man auf diesem Hintergrund nochmals auf die Welt, werden weitere Belege dafür schnell deutlich. Etwa dort, wo es um strategische Kontrolle von globalen Handelswegen geht (Somalia, Jemen) oder um die Sicherung von Rohstoffen wie Öl, Erze oder Mineralien – Ressourcen also, die das Wirtschaftssystem am Laufen halten. Auch der russische Angriff auf die Ukraine wäre nicht ohne jene Gelder möglich gewesen, die eine auf fossile Treibstoffe angewiesene Weltwirtschaft an Russland zahlt. Schlagartig wurde deutlich, wie schnell wirtschaftliche Gegenabhängigkeiten einen Atomkrieg plötzlich zu einer realen Möglichkeit werden lassen und auch anderswo auf der Welt menschenrechtsverachtende und Terror finanzierende Autokratien am Leben halten.

Strukturelle und kulturelle Ungerechtigkeit sowie Gewalt sind ebenfalls Themen der Theologie, etwa der Theologie der Befreiung oder der Katholischen Soziallehre. Das Zweite Vatikanische Konzil betrachtet in Nr. 25 der Pastoralkonstitution *Gaudium et Spes* mit Sorge die »gegenseitigen Verflechtungen und Abhängigkeiten«, aus denen »objektive Verhältnisse« entstehen, die Menschen »vom Tun des Guten abhalten und zum Bösen« antreiben. Am Beispiel: Unter neoliberalen Einflüssen wurden Kapital und Märkte einst durch politische Entscheidungen dereguliert. Aus der Fülle von einzelnen Entscheidungen haben sich vorher nicht vorhandene, systemische Strukturen gebildet, die wiederum auf ihre Schöpfer zurückwirken und auf diese Zwang ausüben: Staaten müssen vor Steuerwettbewerb und angedrohtem Kapitalabzug zittern und selbst mächtige Banker sind nur noch eingeschränkt handlungsfähig. Einer gestand mir einst: »Natürlich würde ich gerne eine andere Politik mit meinem Institut fahren – wenn ich das

aber tue, bestrafen mich das Kapital und die Märkte.«
Dies zeigt: Strukturell-systemische Gewalt löst sich
irgendwann von den persönlichen Verursachungen
los und wird zu einer eigenständigen Gewaltquelle.
Struktur *erzeugt* dann auch keine Gewalt, sondern
Struktur *ist* dann Gewalt – und niemand kann wäh-
len, ihr ausgesetzt zu sein oder nicht. Ist es damit, in
den Worten von Papst Franziskus, endgültig zu einer
»Diktatur der gesichtslosen Wirtschaft« gekommen
(Papst Franziskus, 2013a)?

Dem würden Befreiungstheologen widersprechen,
etwa Ignacio Ellacuría, ein Jesuit und Universitäts-
professor, der aufgrund seiner Sicht der Dinge und
seiner Überzeugungen 1989 ermordet wurde. Seiner
Meinung nach sind es »die für diese Strukturen Verantwortlichen, die Gewalt anwenden« (Maier, 1992).
In der Tat: Es ist bekannt, welche 100 Konzerne für
72 Prozent der weltweiten $CO_2$-Emissionen verantwortlich sind (Carbon Disclosure Project, 2017). Oder
welche »Superreichen« mit ihren Jets und Jachten
einen besonders unverhältnismäßigen Anteil an der
weltweiten Umweltverschmutzung haben: Die Top 10
Prozent der reichsten Menschen verursachen 35 bis
45 Prozent der weltweiten Emissionen – zehnmal so
viel wie das ärmste zehn Prozent (IPCC 2022b, S. 9).
Es ist bekannt, welche Eliten sich am Verkauf von
fossilen Brennstoffen bereichern und dadurch in die
Lage versetzt werden, ihre Völker zu unterdrücken
und Terror zu finanzieren: Russland, Saudi-Arabien,

Katar, Iran ... All dies belegt den von Papst Franziskus in *Laudato Si* angesprochenen Punkt: »Es gibt nicht zwei Krisen nebeneinander, eine der Umwelt und eine der Gesellschaft, sondern eine einzige und komplexe sozio-ökologische Krise« (Nr. 139).

# 4 Diese Wirtschaft tötet

Drei Beispiele, warum der Papst mit seiner Aussage über die herrschende Wirtschaft Recht hat: Er beklagt in seinem obigen Zitat den Zusammenhang zwischen Waffenproduktion, Waffenexport und den Folgen wie Krieg und Vertreibung. Hierzu gäbe es viele Belege anzuführen, einer aus Deutschland mag dazu genügen. Zwar gibt es in Deutschland Waffenexportkontrollen, die verhindern sollen, dass deutsche Waffen ihren Weg in die Konfliktgebiete dieser Welt finden. Diese Regeln und erst recht die entsprechenden Kontrollen sind allerdings löchrig und leicht zu umgehen. Im März 2021 urteilte etwa der Bundesgerichtshof höchstrichterlich, dass der Export von über 4.000 Schusswaffen des deutschen Waffenherstellers Heckler & Koch mithilfe erschlichener Ausfuhrgenehmigungen nach Mexiko illegal war.

Sodann gibt es empirisch gut belegte Zusammenhänge zwischen bestimmten Formen der Umweltverschmutzung und vorzeitigen Todesfällen. Durch Feinstaub, der durch fossile Verbrennung entsteht, sterben beispielsweise jährlich mehr als 10 Millionen Menschen früher, als sie müssten (Vohra, Vodonos, & al., 2021).

Schließlich seien die Folgen des Klimawandels genannt, an dessen menschlicher Mitverursachung in der seriösen Wissenschaft keine Zweifel mehr bestehen: Der im Vorfeld der Pariser Klimakonferenz vorgestellte UN Report »The Human Cost of Weather Related Disasters« (UNISDR, 2015) stellt fest, dass in den Jahren 1995 bis 2015 90 Prozent aller Katastrophen weltweit wetterbedingt waren: Fluten, Dürren, Stürme ... Auch wenn es keinen genauen Prozentsatz dafür gibt, wie hoch der Beitrag des Klimawandels dazu ist, so kann man »beinahe sicher sein« (»almost certain«), dass es in den vor uns liegenden Jahrzehnten zu einer zahlenmäßigen und qualitativen Zunahme solcher Ereignisse kommen wird.

Es gäbe weitere Beispiele dafür, dass diese Wirtschaft tötet, auch und gerade aufgrund von Informationen, die in kirchlichen Netzwerken reichlich vorhanden sind. Aber: Hierzu soll nichts weiter gesagt werden, weil diese Zusammenhänge schon seit Jahrzehnten bekannt sind, ohne dass es eine breite Öffentlichkeit zu angemessener Handlung bewegt. Auf diesem Hintergrund stellt sich die Frage für Klima- und Gerechtigkeitsaktivisten ebenso wie für mich: Wenn es tatsächlich stimmt, dass unsere aktuelle Wirtschafts- und Gesellschaftsordnung tötet und keine angemessenen Anstrengungen erfolgen, dagegen vorzugehen: Ist es dann nicht tatsächlich gerechtfertigt, ja nötig, darauf mit Formen von Gegengewalt zu reagieren, um dies zu stoppen? Wenn dies aber so ist: Welche

Formen von Gegengewalt soll oder darf man wählen? Kann man diese legitimieren? Und wenn ja: Wie?

Das Sprichwort sagt, dass »außergewöhnliche Zeiten außergewöhnliche Mittel« rechtfertigen. Deshalb steht vor einer Diskussion der Mittel die Frage, ob es, jenseits des Geschilderten, weitere Anzeichen dafür gibt, dass wir tatsächlich in »außergewöhnlichen Zeiten« leben und warum diese sich von früheren Krisenzeiten unterscheidet.

# 5 Das Außergewöhnliche an der heutigen Situation

## 5.1 Nicht einiges, sondern alles steht auf dem Spiel

Das für uns im globalen Norden Angenehme war bislang, dass diese Wirtschaft vor allem anderswo tötete, weit weg von uns. Das änderte sich 2021. Es gab in Deutschland fast 200 Tote und Milliardenschäden durch Flutkatastrophen, das vierte Jahr in Folge hat Deutschland unterdurchschnittliche Ernteerträge und in den ersten Gegenden Deutschlands wird das Wasser knapp. Zunehmend erwachen auch Nicht-Experten zu der Erkenntnis, dass wir es nicht mit einer wachsenden Zahl isolierter Krisen und Katastrophen zu tun haben, sondern dass wir gerade dabei sind, die natürlichen Lebensgrundlagen insgesamt zu zerstören.

Erstmals realisierte ich während meiner Arbeit mit den Maya in Mittelamerika, dass dem Westen etwas abhandengekommen ist, was in anderen Kulturen stets lebendig war: Das Wissen darum, dass das Erdsystem ein lebendiges Ganzes ist und dass wir als

Menschen aufgrund bestehender Wechselwirkungen keinen Raubbau betreiben dürfen, wenn wir unser eigenes Überleben nicht gefährden wollen. Insofern stimmt ein weiser Spruch, der während des Bundestagswahlkampfs die Runde machte: Artensterben und »die Klimakrise (sind) nicht ein weiteres Problem auf der Bühne. Sie bedroh(en) die ganze Bühne« als solche (Dohm & Schurmann, 2021). Dabei hatte man durchaus den Eindruck, dass sich alle im Bundestag vertretenen Parteien (ausgenommen der AfD) des Ernstes der Lage bewusst sind. Was wurde nicht alles vorgeschlagen und versprochen, um den im Pariser Abkommen völkerrechtlich verbindlich zugesicherten Beitrag Deutschlands zu leisten, die Erderwärmung auf deutlich unter 2, idealerweise 1,5 Grad im Vergleich zum vorindustriellen Zeitalter zu begrenzen! Auch der Koalitionsvertrag vom Dezember 2021, die Synthese der Absichten gleich dreier Parteien in Regierungsverantwortung, betont:

> Die Klimaschutzziele von Paris zu erreichen, hat für uns oberste Priorität. Klimaschutz sichert Freiheit, Gerechtigkeit und nachhaltigen Wohlstand. Es gilt, die soziale Marktwirtschaft als eine sozialökologische Marktwirtschaft neu zu begründen. Wir schaffen ein Regelwerk, das den Weg frei macht für Innovationen und Maßnahmen, um Deutschland auf den 1,5-Grad-Pfad zu bringen.

Nur: Kann das 1,5-Grad-Ziel überhaupt noch erreicht werden?

## 5.2 Auf Kurs in eine 3 Grad heißere Welt

Es ist ein Satz von Deutschlands bekanntestem Klima-forscher, Prof. Hans Joachim Schellnhuber, der auf-horchen lässt. In einem Interview sagte er im Oktober zum Pariser Vertragsziel der 1,5-Grad-Begrenzung: »Paris war zweifellos ein Wunschkonzert [...] Die 1,5 Grad [...] kriegen wir leider nicht mehr hin – so sinnvoll es auch wäre« (Schellnhuber, 2021b). Leider ist das keine Einzelmeinung. Forscht und gräbt man ein wenig, finden sich auch Äußerungen anderer pro-minenter Wissenschaftler, die davon ausgehen, dass wir das 1,5-Grad-Ziel nicht mehr erreichen können (Dyke, Watson, & Knorr, 2021). Die Prozesse, die wir angestoßen haben, legen laut dem »Weltklimarat« (Intergovernmental Panel on Climate Change, IPCC) nahe, dass wir die 1,5-Grad-Schwelle ab 2030 reißen können, die 2-Grad-Grenze könnte bereits 2040 über-schritten werden (IPCC, 2018, 2021, 2022).

Wissenschaftler warnen, und dies wurde im Umfeld der Glasgower Klimakonferenz im November 2021 für alle hörbar, die es hören wollten: Gibt es keine drama-tischen Einschnitte, befinden wir uns auf dem Kurs in eine ca. 3 Grad heißere Welt – vielleicht sogar mehr. Wenn dem so ist, können wir schon zur Mitte des Jahrhunderts von hunderttausenden Toten, Milliarden Vertriebenen und Billionen an wirtschaftlichen Schä-den ausgehen. Haben wir noch Zeit, das zu ändern?

## 5.3 Zeit ist ein Faktor

Zeit ist ein Gut, das wir gerade verlieren, und weil dieser Punkt so wichtig ist, danke ich Dr. Michael Stöhr, einem der Koordinatoren bei den Münchener Scientists For Future, für seine Unterstützung bei der Abfassung dieses Abschnitts.

Zum einen stellt sich heraus, dass bereits in einer 1,5 Grad wärmeren Welt gigantische Klimafolgeschäden wie Dürren und Überschwemmungen auftreten. Zum anderen kann das Erd-Klima-System zu einem schwer bestimmbaren Zeitpunkt in einen Zustand kippen, in dem sich die Atmosphäre auch ohne menschliches Zutun zunächst um ein paar weitere Grad erwärmt und dann für mehrere 100.000 Jahre auf hohem Temperaturniveau bleibt, bevor sie sich durch natürlichen Abbau von Kohlendioxid wieder abkühlt. Diesem Zeitpunkt sind wir möglicherweise näher als bislang gedacht. Entscheidend sind die sogenannten Kipppunkte, die wie umfallende Dominosteine eine unaufhaltsame Kettenreaktion anstoßen können. Zum Beispiel: Ein Kipppunkt im Erd-Klima-System ist der grönländische Eisschild. Seine Dicke beträgt teilweise mehr als 3.000 Meter und an großen Teilen seiner Oberfläche herrschten bislang ganzjährig Minustemperaturen. Mittlerweile tauen jedoch selbst hochgelegene Teile des grönländischen Eisschilds im Sommerhalbjahr sehr stark, und die Dicke des Eisschildes nimmt ab. Je dünner sie wird, desto länger ist sie jedes Jahr Plustemperaturen ausgesetzt, was das Abschmelzen beschleunigt. Verschwindet der Eisschild ganz, steigt der Meeresspiegel um sieben (7!) Meter. Erst in einer neuen Eiszeit könnte er wieder aufgebaut werden.

Ähnliches geschieht in der Antarktis. Dort steht das vorzeitige Abrutschen des Thwaites-Gletschers, auch bekannt unter dem Spitznamen »Weltuntergangsgletscher«, unmittelbar bevor und mit ihm des gesamten westantarktischen Eisschilds. Damit steigt der Meeresspiegel unaufhaltsam um (nochmals) mehr als drei (3!) Meter.

Besonders kritisch ist der Kipppunkt des sibirischen Permafrostbodens. Dort sind Unmengen an tiefgefrorener organischer Materie gespeichert. Taut der Boden auf, beginnt diese sich zu zersetzen. Dabei entstehen Kohlendioxid und Methan. Das ist in den ersten 20 Jahren nach seiner Emission 87 Mal stärker treibhauswirksam als Kohlendioxid, in den ersten 100 Jahren nach seiner Emission 36 Mal stärker. Es wurde lange angenommen, dass dieser Permafrostboden ab dem Jahr 2090 nennenswert auftaut. Nun brennen schon drei Sommer in Folge unvorstellbar große Flächen der sibirischen Tundra und Taiga, so groß, dass man sich erst gar keine Mühe gibt, sie löschen zu wollen. Das Auftauen des Permafrostbodens hat also 70 Jahre früher als vermutet begonnen.

Diese an sich getrennt stehenden Situationen können sich »verketten«, wechselseitig verstärken sowie unaufhaltsam und unumkehrbar beschleunigen: die dunkle Erdoberfläche wirft deutlich weniger Hitze zurück als eine weiß verschneite und gefrorene Oberfläche, die globale Erwärmung gewinnt an Fahrt, was das Abschmelzen des Eises in Arktis und Antarktis beschleunigt, was wiederum zur Verlangsamung des Golfstroms führt, der für das bislang angenehme Klima und vor allem stabile Wettersystem in Europa zuständig ist und so weiter.

Natürlich ziehen sich die meisten Prozesse über lange Zeiträume, teils über hunderte von Jahren hin. Aber die entscheidenden Weichen dafür werden *jetzt, in unseren Tagen* gestellt. Erneut spielen Kipppunkte die entscheidende Rolle: Vor 100 Jahren konnte bedenkenlos umgesetzt werden, wozu der Mensch als Einzelner oder die Gesellschaft als Ganze Lust hatte, weil die natürlichen Systeme damals noch weit entfernt von Kipppunkten und ihre Widerstandsfähigkeit deshalb sehr stark waren. Heute nähern wir uns einer »kippeligen Instabilität« – was ein Kippen wahrscheinlich macht, ohne es exakt vorhersagen zu können beziehungsweise es erst zu merken, wenn es bereits geschehen ist.

Das Gemeinte verdeutlicht ein Blick auf das seit der griechischen Philosophie bekannte »Haufen-Paradox«, welches lautet: Ab wann ist die Ansammlung von Sandkörnern ein Haufen? Ein Sandkorn? Nein. Zwei

Sandkörner? Nein. Aber ab wann ist es ein Haufen? Wir alle wissen, dass es Haufen gibt! Ähnlich beim $CO_2$-Ausstoß: Ab wann ist der Ausstoß von $CO_2$ katastrophal? Am Anfang? Nein. Später? Nein. Noch später? Vielleicht. Noch später? Ja, mit wissenschaftlicher Sicherheit! Ein weiteres Beispiel kennt jeder, der schon einmal ein Glas umgestoßen hat: Am Anfang ist dazu Kraft erforderlich. Ist aber der Kipppunkt erreicht, genügt ein federleichter Druck, um das Umkippen unaufhaltsam zu machen. Das Gleiche gilt für die Kipppunkte des Erd-Klima-Systems. Und so kann es – bildlich gesprochen – tatsächlich mein Steak, meine Flugreise, mein Auto sein, die zu dem Gramm zu viel an Schadstoff führen, welches das System insgesamt in einen neuen Zustand kippen lässt. Darum die Verantwortung jedes Einzelnen, seinen Konsum und sein Verhalten zu ändern. Darum umso mehr die Verantwortung, den uns möglichen Beitrag zu gesellschaftlicher Bewusstseinsbildung und gesellschaftspolitischem Engagement hinsichtlich der Veränderung des Systems als Ganzem zu leisten.

Natürlich gibt es viele Variablen, die unsicher sind. Aber, so die Wissenschaft: Wollen wir angesichts dessen, dass zu viele der bisher getroffenen Vorhersagen schneller eintreffen als angenommen, wirklich unsere Hoffnungen auf einige »Vielleichts« und »Womöglichs« und »Wir brauchen noch mehr Forschung« setzen? »Es ist zu riskant, darauf zu wetten« – sagt die Wissenschaft, und zunehmend ahnen Menschen, dass dies tatsächlich der Fall sein könnte (Lenton, Rockström, & al., 2019).

Zeit ist also der entscheidende Unterschied zu ähnlich umfassenden Umwälzungen in früheren Epochen der Menschheitsgeschichte. Bei bisherigen Herausforderungen, so heftig, schmerzhaft, drängend sie waren, hatte die Menschheit viel Zeit, um Lösungen zu finden und auszuprobieren. Dies ist aktuell nicht mehr gegeben. Im Februar 2022 stellte Arbeitsgruppe 2 ihre Ergebnisse zum aktuellsten IPCC-Sachstandsbericht auf 3.675 Seiten vor. Sie betonte am Ende der Zusammenfassung für Politiker: »Die angehäuften wissenschaftlichen Erkenntnisse sind eindeutig [...] Mit sehr hoher Sicherheit« kann gesagt werden: Das noch zur Verfügung stehende »Zeitfenster für Handlungsmöglichkeiten, um eine lebenswürdige und nachhaltige Zukunft für alle zu sichern, ist kurz und schließt sich« (IPCC, 2022a, S. 35). Und im April präzisierte Arbeitsgruppe 3: Spätestens 2025 müssen Maßnahmen greifen, um den $CO_2$-Ausstoß bis 2030 um 43 Prozent zu senken. Nur dann haben wir noch eine Chance, die Erwärmung auf 1,5 Grad begrenzen zu können (IPCC, 2022b, S. 22).

## 5.4 Verbindung zwischen Problem und Verursacher

Aber was ist mit den Skeptikern, die daran erinnern, dass es immer schon Heißzeiten gegeben habe und nicht alles daran schlecht sei? Sicher, es gibt immer einen Wissenschaftler, der in einem YouTube Video solche Dinge »belegt«, aber jeder, der weiß, wie Wissenschaft funktioniert, lässt sich davon nicht täuschen.

Die Gefahr menschlicher Einflussnahme auf das Weltklima durch die Nutzung fossiler Energieträger wurde erstmals durch Svante Arrhenius im Jahr 1906 dargelegt, direkte Belege gibt es durch die Arbeit von Charles D. Keeling seit 1958. Rich (2018) und Mann (2021) zeichnen nach, wie eine Abkehr von der Nutzung fossiler Energien zwischen 1979 und 1989 beinahe gelang, dann aber doch von der Lobby jener, die daran verdienen, gestoppt wurde. Heute noch werden Reduktionsversuche hintertrieben: Saudi-Arabien beispielsweise unternahm vieles, um im aktuellsten IPCC Sachstandsbericht Einsparungsversuche bei fossilen Energien zu verwässern (Götze, 2022) und auch andere Interessengruppen bedienen sich einer Menge Geld, Künstlicher Intelligenz, Bots und Trollen oder auch brutaler Gewalt gegen Andersdenkende.

Heute ist der Zusammenhang zwischen Problem (Erderwärmung) und Verursachung (menschliche Nutzung fossiler Energien) unbestritten. Arbeitsgruppe 1 zum aktuellsten IPCC-Sachstandsbericht trug im August 2021 hierfür relevante Ergebnisse auf 3.949 Seiten vor. Diese fasste das Deutsche Klima-Konsortium, der Verband deutscher Forschungseinrichtungen, in nur 20 Worten zusammen:

1. (Klimawandel) ist real.
2. Wir sind die Ursache.
3. Er ist gefährlich.
4. Die Fachleute sind sich einig.
5. Wir können noch etwas tun.

Die Bundesregierung weiß um diese Zusammenhänge. Auch sie »vertritt […] die Auffassung, dass rund 99 Prozent der Wissenschaftler, die Fachaufsätze zum Klimaschutz veröffentlichen, der Überzeugung sind, dass der Klimawandel durch den Menschen verursacht ist« (Bundesregierung, 2019). Wenn aber eine dermaßen klare Verbindung zwischen Problem und Verursachung anerkannt wird, liegt die Lösung auf der Hand. Etwa für die Richter des Bundesverfassungsgerichts: »Der durch Menschen verursachte Klimawandel lässt sich nach derzeitigem Stand nur durch die Reduktion von $CO_2$-Emissionen maßgeblich aufhalten« (Bundesverfassungsgericht, 2021). Und trotzdem handeln wir immer noch nicht angemessen?

## 5.5 Korruption von governance

Keine der Bundestagsparteien legte in ihren Wahlprogrammen 2021 einen überzeugenden Plan vor, wie sie das in Paris vereinbarte 1,5-Grad-Ziel einzuhalten gedenkt. Selbst die Vorhaben der Grünen würden die Erwärmung mit Ach und Krach auf 2 Grad begrenzen können (DIW-Econ, 2021). Der Koalitionsvertrag schließlich ist enthusiastisch in Versprechungen, aber dürftig in konkreten Maßnahmen, Zeitschienen, Anreiz- und Sanktionsmaßnahmen. Als Begründung für ihre Zurückhaltung geben Politiker immer wieder an »die Bevölkerung ist noch nicht bereit für einschneidende Maßnahmen«, oder »man braucht Mehrheiten für die Umsetzung«. Dabei ist die Bevölkerung deutlich weiter, als die Politik uns immer wieder weismachen möchte. Beweis ist der Bürgerrat Klima (2021): Dort kamen 160 Bürger zusammen, die durch ein Losverfahren ausgewählt, professionell moderiert und wissenschaftlich beraten wurden. In nur 50 Sitzungen erarbeiteten diese ein Instrumentarium, welches zukunftsweisend sein könnte. Selbst ein Tempolimit auf deutschen Straßen fand 58-prozentige Zustimmung, was bis heute auf Wunsch der FDP verhindert wird.

Wer sich anschaut, wie die 160 Bürger für den Bürgerrat ausgewählt wurden, kann getrost davon ausgehen, dass dort AfD-Anhänger ebenso wie Grüne, Unternehmer ebenso wie Arbeitslose, Bildungsbürger ebenso wie »Abgehängte« vertreten waren und das

Gremium einen guten Querschnitt der deutschen Bevölkerung repräsentiert. Dass sich dieser Bürgerrat trotzdem mit großen Mehrheiten auf ebenso radikale wie angemessene Beschlüsse einigen konnte, lag daran, dass sich alle intensiv mit den Sachfragen beschäftigten und zudem eine im Parlament sehr einflussreiche Gruppe keinen Zugang hatte: Lobbyisten, die die Dinge nach den Vorstellungen von Vermögenden und Konzernen beeinflussen. Jene Lobbyisten etwa, die in den Festlegungen, was in Europa als »grüne und nachhaltige« Investition gilt, dafür gesorgt haben, dass Kapitalgesellschaften massiv begünstigt werden, Genossenschaftsbanken und Stadtwerke aber nicht.

## 5.6 Schieflage in demokratischer Mitbestimmung

Es gibt nicht nur ein Mitbestimmungsgefälle hinsichtlich Reich und Arm. Auch an anderen Stellen ist es um Mitsprache in unserem Land nicht gut bestellt, wie die letzte Bundestagswahl belegt. Da sind zunächst jene, die faktisch in Deutschland leben und zum Teil Steuern und Abgaben zahlen, aber kein Wahlrecht haben – vor allem Menschen ohne deutsche Staatsangehörigkeit (11 Prozent). Diese tauchen in keiner Wahlstatistik auf, weil sie eben nicht wahlberechtigt sind. Dann alle unter 18 Jahren (16 Prozent) – also genau jene, mit deren Zukunft gerade russisches Roulette gespielt wird. Nimmt man zu diesen beiden Gruppen die Nichtwähler dazu (16 Prozent) sowie jene, deren Stimmen wegen der 5-Prozent-Schwelle unter den Tisch fallen (7,2 Prozent) oder ungültig sind (1 Prozent), haben über die Hälfte der in Deutschland Lebenden den aktuellen Bundestag nicht mitgewählt, obwohl ihr Leben faktisch von diesem bestimmt wird.

Sodann fielen die Stimmen jener, die unter 30 Jahre sind, bei der letzten Bundestagswahl kaum ins Gewicht. Diese Wahl wurde von den über 60-Jährigen entschieden: Der Anteil von Wählern im Alter von 18 bis 29 Jahren betrug 14,4 Prozent der Gesamtwähler, der Anteil der über 60-Jährigen 38,2 Prozent. Die Jungwähler wählten überproportional oft FDP und Grüne, die Älteren Union und SPD. So dominierten jene, die zum einen verantwortlich dafür sind, dass wir in einer Klimakrise stecken und die zum anderen die Folgen des Klimawandels kaum ernsthaft erleben werden.

Was Vertreter der jungen Generation von diesen Zuständen halten, veranschaulichen folgende beispielhafte Zitate: »Wäre das Klima eine Bank«, so meinen die Fridays For Future, »hättet ihr sie schon längst gerettet!« Und Simon Helmstedt, einer der erwähnten jungen Hungerstreikenden, sagte: »Wenn eine Politik komplett versagt, auch nur ansatzweise an der Realität zu sein, dann zwingt diese Politik zu radikalsten Mitteln [...] Ich mag keine Gewalt. Aber ich kann Menschen verstehen, die Gewalt anwenden, wenn ihr

Leben bedroht ist. Und genau das ist es gerade« (zit. in Schmitt-Roschmann, 2021).

Der Zukunftsforscher Stephan Rammler warnte deshalb in einem Podcast der ZEIT: Politik und Gesellschaft riskierten »mit dieser Ignoranz den gewaltsamen Widerstand junger Generationen. [...] Fehlende Generationssolidarität (kann) zu einer Radikalisierung des Klimaaktivismus führen. (Der jungen Generation) bleiben immer weniger Möglichkeiten, ihre Interessen auf parlamentarischem Weg zu vertreten. (Rammler) hält es daher für möglich, ›dass eine grüne Brigade entsteht, wenn die junge Generation weiterhin so sträflich und brutal von der Politik ignoriert wird‹ (Rammler, 2021)«.

Dieses Kapitel will keinen Generationenkrieg schüren, im Gegenteil: Ich kenne viele gelingende Beispiele, wo Jung und Alt an diesen Fragen gut zusammenarbeiten. Wohl aber soll es all jenen, die hier ausweichen, klarmachen, dass man angesichts der »Sünden der Alten« als junger Mensch berechtigter und deutlicher einfordern kann, jetzt stärker von den Interessen der kommenden Generationen her zu denken und zu handeln.

## 5.7 Schieflage in der globalen Mitbestimmung

Ein letztes gravierendes Defizit, welches die heutige Situation als außergewöhnlich kennzeichnet: Klimawandel und Artensterben sind globale Probleme. Hauptverantwortlich dafür sind die Staaten, in denen die Industrialisierung ihren Anfang genommen hat. Hauptleidtragende wiederum sind jene Staaten, die am wenigsten dazu beigetragen haben, die aus Armut ausbrechen und sich einem Lebensniveau wie dem der reichen Länder annähern wollen. Deshalb ist beispielsweise richtig zu sagen, dass China oder Indien heute größere Verschmutzer sind als Deutschland, es ist aber nicht berechtigt, da deren wirtschaftliche Entwicklung deutlich später als die von Deutschland begann und noch meilenweit vom erreichten Stand Deutschlands entfernt ist. Papst Franziskus unterstützt diese Sicht, wenn er sagt: Das Verhalten »derer, die mehr und mehr konsumieren und zerstören, während andere noch nicht entsprechend ihrer Menschenwürde leben können, (ist) unvertretbar. Darum ist die Stunde gekommen, in einigen Teilen der Welt einen gewissen Wachstumsrückgang zu akzeptieren und Hilfen zu geben, damit in anderen Teilen ein gesunder Aufschwung stattfinden kann« (*Laudato Si*, Nr. 193).

Zugleich haben jene Staaten, die unter den Folgen wirtschaftlicher und politischer Entscheidungen rei-

cher Länder leiden, keine Handhabe, in diesen Ländern mitdiskutieren und mitentscheiden zu können.
Zwar stellt das Bundesverfassungsgericht in Leitsatz
2 seines »Klimaurteils« fest, dass das »Klimaschutzge-
bot vom Staat international ausgerichtetes Handeln
zum globalen Schutz des Klimas (verlangt) und (ihn)
verpflichtet, im Rahmen internationaler Abstimmung
auf Klimaschutz hinzuwirken« (Bundesverfassungsgericht, 2021). In diesem Zusammenhang erklärte
das Gericht zudem Beschwerden der am Verfahren
beteiligten Beschwerdeführer aus Bangladesch und
Nepal für zulässig. Allerdings wurde gleich alles
wieder durch die Feststellung relativiert, dass die
Schutzpflicht der Bundesregierung ihnen gegenüber
eher indirekter Natur sei.

Wie wenig ernst es den reichen Staaten der Welt
ist, solidarisch mit armen Ländern zu sein, wird
allein dadurch deutlich, dass es auch anlässlich der
Klimakonferenz in Glasgow nicht gelang, jene 100
Milliarden US-Dollar bereitzustellen, die schon in der
Klimakonferenz Kopenhagen 2009 und im Pariser
Klimaabkommen 2015 armen Ländern pro Jahr (!)
zugesagt wurden, damit diese sich auf den Klimawandel und seine Folgen besser vorbereiten können.

# 6  Zwischenbilanz

Wir haben festgestellt, dass diese Wirtschaft tötet. Wir halten fest, dass die strukturelle Gewalt, die durch diese Wirtschaft ausgeübt wird, nicht völlig gesichtslos ist, da die größten Verschmutzer unter den Konzernen und Superreichen dieser Welt identifiziert werden können und bekannt sind.

Wir stellen fest, dass der Konflikt zwischen Naturgesetzen, einer global-grenzenlos ausgerichteten Wirtschaft und nationalstaatlich orientierten »Rechts- und Regulationscontainern« auf die Spitze zutreibt. Denn was das Grundgesetz, das Gebot höflichen Diskurses oder parlamentarisch ehrlich oder manipuliert gewonnene Mehrheiten auch immer sagen: Mit den Naturgesetzen lässt sich nicht verhandeln, und Kipppunkte warten nicht auf Erlaubnis. Deshalb folge ich jenen, die schon jetzt einen Klimanotfall feststellen, der nur noch wenige Jahre Zeit lässt, Schlimmes zu verhüten, also jenen Parlamenten, Prominenten und Zusammenschlüssen, die öffentlich erklärten, dass ihrer Meinung nach Klimawandel, Artensterben und damit Zusammenhängendes ein krisenhaftes Ausmaß angenommen haben und nicht angemessen darauf reagiert wird. Diesen Notfall ausgerufen haben etwa das Europäische Parlament, 23 nationale Regierungen, hunderte regionale und kommunale Regierungen, tausende Wissenschaftler, der UN-Generalsekretär, der Papst und viele andere.

Wir stellen sodann fest, dass sich die neue Bundesregierung gleich der alten dieser Einschätzung verschließt, da es im Koalitionsvertrag nicht als Grundlage der Regierungspolitik auftaucht. In einem öffentlichen Gespräch zwischen den jungen Hungerstreikenden und Olaf Scholz wurde Letzterer mehrfach aufgefordert, einen Klimanotstand zuzugeben, was dieser verweigerte. Stattdessen setzt seine Regierung als Zielmarke für die $CO_2$-Neutralität 2045 fest, obwohl selbst das Bundesverfassungsgericht darlegt, dass Deutschland nur noch sehr wenig $CO_2$-Budget legitim verbrauchen darf beziehungsweise nach anderen Rechenweisen bereits auf Kosten anderer Länder lebt. Und sie setzt auf fossiles Gas als Brückentechnologie, obwohl der Welt größte Investoren dies für eine Sackgasse halten und davor warnen. Sie behält fossile Subventionen bei und will neben Klimaschutz auch an »Wohlstandssicherung und Wirtschaftswachstum« festhalten und so weiter.

Und wir stellen schließlich fest, dass Demokratie nicht leistet, was sie soll. Von ihrem System von Kontrollen und Ausgleichsmechanismen wurde erhofft, Krisen rechtzeitig zu erkennen und angemessen behandeln zu können. In einer Demokratie, so der bekannte Satz des Nobelpreisträgers Amartya Sen, gibt es keine Hungersnöte. Das versagt heute innerhalb demokratischer Staaten, es versagt erst recht angesichts des globalen Ausmaßes der Klimakrise und der Rechtsbeeinträchtigung für alle, die nicht mitreden oder -entscheiden dürfen. Persönlichkeiten wie der ehemalige Generalsekretär des Club of Rome, Graeme Maxton (2018), oder der stellvertretende Chefredakteur der Zeitung »Foreign Affairs«, Cameron Abadi, fragen deshalb, ob die gegenwärtige Form der Demokratie zur Bekämpfung der Klimakrise noch geeignet ist.

Wenn also diese Wirtschaft tötet und Gesellschaft und Politik nicht angemessen handeln: Welche Reaktion auf die so ausgeübte Gewalt ist dann angemessen und angebracht?

# 7 Antwort auf Gewalt

Die von mir oben, in 3, vorgestellte Definition von Gewalt besagt, dass sie Gegengewalt provoziert. Dabei war mir der Hinweis wichtig, dass es sich nicht nur um physische Ausdrucksformen handelt, sondern um vielfältigste Formen von Druck, auf den Menschen mit vielfältigsten Gegenmitteln reagieren, um ihm standzuhalten, auszuweichen oder eben Widerstand zu leisten. Zu Letzterem gehören Ziviler Ungehorsam und Ziviler Widerstand. Diese gilt es zunächst zu unterscheiden.

## 7.1 Ziviler Ungehorsam und Ziviler Widerstand

Ziviler Ungehorsam ist der Bruch eines Gesetzes, der damit gerechtfertigt wird, dass er durch höherstehende Werte und Normen gedeckt ist. Etwa durch Menschen- und Grundrechte, die dem gesellschaftlich allgemein anerkannten Wertekanon entsprechen. Es handelt sich also um »prinzipiengeleiteten Protest« (Celikates, 2022). Diese Aktionsform ist in Deutschland nicht unbekannt. So sagte etwa der Verfassungsrechtler Ralf Dreier angesichts der Proteste während der Nachrüstungsdebatte: »Wer allein oder gemeinsam mit anderen öffentlich, gewaltlos und aus politisch-moralischen Gründen den Tatbestand einer Verbotsnorm erfüllt, handelt grundrechtlich gerechtfertigt, wenn er dadurch gegen schwerwiegendes Unrecht protestiert und sein Protest verhältnismäßig ist« (1983, S. 60). Ob etwas verhältnismäßig ist, bestimmt sich vor allem in Hinblick auf die Spannung zwischen dem »Unrichtig-Unrechten« einer konkreten Situation einerseits und den zur Rechtfertigung des Akts herangezogenen Normen andererseits. Dies illustriert eine wichtige Unterscheidung, und zwar die zwischen Legalität und Legitimität, also Gesetzmäßigkeit und Rechtfertigung. In Demokratien sollten beide Dimensionen deckungsgleich sein: Eine Handlung sollte im Rahmen der geltenden Gesetze und nach moralisch-ethischen Kriterien geboten und gerechtfertigt sein, weil Moral und Recht dieses Gesetz hervorgebracht haben. Aber auch Demokratien mit all ihren Diskussions- und Reformprozessen können nicht verhindern, dass es zwischen diesen beiden Dimensionen zu Spannungen kommt.

Darunter fällt etwa die Auseinandersetzung um theoretisch statuierte oder auf Papier existierende Rechte, die in der real-faktischen Welt nicht anerkannt und umgesetzt werden. Oder Ungereimtheiten, wenn sich etwa die Strafbarkeit des Nehmens weggeworfener Lebensmittel im Strafgesetzbuch streng am Schutz des Eigentums orientiert (Art. 14 Abs. 1 GG), nicht aber die Sozialpflichtigkeit des Eigentums berücksichtigt (Art. 14 Abs. 2 GG). Ähnlich Greta Thunberg oder die Fridays For Future: Sie brechen die Schulpflicht (Art. 7 GG) unter Verweis auf die verfassungsmäßig begründete Demonstrationsfreiheit (Art. 8 GG), mit der sie ihr Recht auf die ihnen verfassungsmäßig zugesicherte lebenswerte Zukunft (Art. 20a GG) einfordern wollen. In beiden Beispielfällen kommt es zu einer sogenannten Rechtsgüterkollision. Auf solche Spannungen wird unterschiedlich reagiert:

Bei den ersten Freitagsdemonstrationen versuchten einige Ordnungsämter, Bußgelder wegen Schulschwänzens zu verhängen, ruderten aber recht schnell mit diesem Vorhaben zurück. Akteure Zivilen Ungehorsams nehmen einen Gesetzesbruch wissend in Kauf, um eine bestehende Spannung sichtbar zu machen. Man will genau dadurch der Rechtsordnung als Ganzer Respekt erweisen und sie zugleich verbessern, indem Legitimität und Legalität wieder zusammengeführt werden. Als ich beispielsweise mit anderen im Dezember 2021 widerrechtlich Lebensmittel aus Mülleimern entwendete und sie anschließend verschenkte, wurde Druck erzeugt, um eine Überarbeitung geltender Gesetze durch Bundesregierung und Bundestag anzustoßen. Oder es kommt zu Gerichtsurteilen, die diese Spannung aufzulösen suchen. So kam es im März 2022 zu überraschenden Freisprüchen von Aktivisten, die auf ein RWE-Gelände eingedrungen sind – unbestreitbar und unbestritten Hausfriedensbruch und damit die Verletzung von Eigentumsrechten. Das Amtsgericht Rheydt nahm aber erstmalig eine Güterabwägung vor: RWE greife mit seinem Wunsch, Tagebau zu betreiben, deutlich gravierender in Eigentumsrechte ein, u. a. durch Enteignung von Hausbesitzern. Deshalb sei es angemessen, RWE eine Duldung dieses vergleichsweise geringen Eingriffs in die Eigentumsrechte abzuverlangen.

Ziviler Widerstand hingegen ist ein Format, das man gewöhnlich mit Mahatma Gandhi und Martin Luther King assoziiert, die mit friedlichen Protestformen auch gewalttätige Reaktionen der Gegenseite provozierten und in Kauf nahmen. »Zivil« ist keinesfalls gleichzusetzen mit »höflich«: Hier geht es um grundsätzliche Konfrontation und Konflikt, statt Einzelnormen wird eine die Gesellschaft insgesamt regulierende Ordnung in Bezug auf höhere moralische Werte herausgefordert. Etwa, wenn die Rechtsordnung als Instrument in der Hand einer kleinen, mächtigen Elite gesehen wird, mit dem diese eher ihre eigenen Interessen durchsetzen, als dem Gemeinwohl zu dienen. Dies ist deshalb Bestandteil eines Machtungleichgewichts, welches mit demokratischen oder anderen Mitteln gesellschaftlicher Partizipation nicht korrigiert werden kann. Als Beispiele gelten gewöhnlich Apartheid, die Herrschaft der Weißen in den USA oder die koloniale Herrschaft in Indien. Hier werden also geltendes Recht und Gesetz umfassend im Namen von Gerechtigkeit herausgefordert.

Solch umfassende Defizite existieren nach Auffassung vieler auch im gegenwärtigen System des Neoliberalismus, welches uns wachsende Ungleichheit, Marginalisierung, Klimakrise und mehr beschert hat. Diesem strukturell-systemischen Unrecht mit seiner komplexen sozialen und ökologischen Dimension gelte es mit einem Zivilen Widerstand entgegenzutreten, der Forderungen nach sozialer Gerechtigkeit und ökologischer Nachhaltigkeit verbindet und Klimagerechtigkeit herstellen möchte. Deshalb gehe es im Fall der aktuellen systemischen Krise eher um Zivilen Widerstand als um Zivilen Ungehorsam. Gedeckt werde dieses Tun nicht nur durch ethisch-moralische Werte und die allgemeinen Menschenrechte, sondern durch die zwei UN-Abkommen aus dem Jahr 2015 mit den einhergehenden Verpflichtungen, also das Pariser Klimaabkommen und das Abkommen zu den Nachhaltigkeitszielen. Ziel Nr. 10 des Letzteren (Beseitigung der vielgestaltigen Ungleichheit zwischen und innerhalb der Länder) sagt klar und unmissverständlich: Wenn die Weltgemeinschaft es nicht schafft, Ungleichheit dramatisch zu reduzieren, werden auch alle anderen 16 Ziele der Agenda nicht erreicht werden. Die sieben Jahre, die seither verstrichen sind, belegen: Die Profiteure des Status Quo sind nicht bereit, in dieser menschheitsgeschichtlich außergewöhnlich bedrohlichen Situation auf diesem Weg zu führen oder diesen auch nur frei zu machen. Im Gegenteil: Sie verschleppen und bremsen ein Umlenken, wo es nur geht, und scheuen sich nicht, von bestehender

»Waffenungleichheit« Gebrauch zu machen: aufgrund privilegierter Zugänge die entscheidenden Räder in Politik und Verwaltung zu schmieren oder Meinungen über die in ihrem Besitz befindlichen Medien, Auftragsgutachten, Stiftungslehrstühle und so weiter zu manipulieren.

Auf diesem Hintergrund übernehme ich folgende Definition Zivilen Widerstands von der Harvard-Soziologin Erica Chenoweth:

> Ziviler Widerstand ist eine Konfliktmethode - eine aktiv-konfrontative Technik, die Menschen oder Bewegungen einsetzen, um politische, soziale, wirtschaftliche oder moralische Ansprüche durchzusetzen. Ziviler Widerstand fördert aktiv den Konflikt, er bewirkt Unterbrechungen und akkumuliert Macht, um den Status Quo zu beeinträchtigen, zu ändern oder zu transformieren. Es geht um Gegenwehr, wenn Menschen glauben, dass sie von mächtigen Individuen, Organisationen, Regierungen oder politischen Systemen misshandelt wurden, und um die Errichtung neuer Systeme, die zugrundeliegende Ungerechtigkeiten angehen. (2021, S. 2f., eigene Übersetzung)

Welche Mittel des Widerstands in Anwendung zu bringen sind, ist natürlich eine Entscheidung, die von Fall zu Fall und von Kontext zu Kontext zu fällen ist. Konflikte mit dem bestehenden Recht sind dabei vorprogrammiert, da es sich um eine historisch einmalige Situation handelt und die Entwicklung positiv-geltenden Rechts natürlich den Ereignissen hinterherhinkt. Davon darf man sich aber nicht einschüchtern lassen. Zwar ist, so Jürgen Habermas, das Wort »Widerstand« umstritten, »(a)ber kann man eine soziale Bewegung auf einen juristisch begründeten Sprachgebrauch verpflichten? Kann man sie [...] ›terminologisch enteignen‹? Der populäre Sprachgebrauch will mit dem Ausdruck ›Widerstand‹ nur die Dringlichkeit des Protestanliegens zum Ausdruck bringen. [...] Warum sollte das Handeln desjenigen, der [...] das Risiko einer Strafverfolgung in Kauf nimmt, nicht Widerstand heißen dürfen?« (Habermas, 1983, S. 33). Kommen wir also zur Frage von Kriterien und Leitplanken, die eine Entwicklung und Auswahl von Mitteln Zivilen Ungehorsams und vor allem Zivilen Widerstands begleiten können.

## 7.2 Keine Gewalt gegen Menschen

Unter allen Aktivisten, die ich kenne, ist Konsens, dass Leib, Leben und physische Unversehrtheit von Menschen nie und zu keinem Zeitpunkt gefährdet werden dürfen. In hochdisziplinierten Gruppen müssen AktivistInnen deshalb vor »Einsätzen« Selbstverpflichtungen unterzeichnen, dass sie keinesfalls gegen dieses Prinzip verstoßen – oder andernfalls ihre Mitgliedschaft in der Gruppe verwirken. Selbst bei Angriffen wütender Gegner ihrer Aktionen lehnen sie Selbstverteidigung im Sinn von Abwehr des Angreifers ab, sondern beschränken sich auf den Schutz des eigenen Körpers.

Eine Grauzone besteht bei der psychischen Unversehrtheit. Personen, die in einer Firma arbeiten, die von außen lautstark blockiert wird, oder die auf der Autobahn mit Termindruck in einem blockadebedingten Streik stehen, geraten in Stress und damit unter psychischen Druck. Ähnlich kann sich Stress aufbauen, wenn etwa Dienstfahrzeuge oder Dienstsitze von Repräsentanten bestimmter Firmen beschädigt werden – aber auch hier gilt die Tat dem Gegenstand (Dienstwagen, Gebäude), der das Problem symbolisiert (Konzern), und nicht dem persönlichen Repräsentanten. Wichtig ist hier die Verhältnismäßigkeit, etwa, wenn Aktionen rechtzeitig angekündigt werden, damit man sich darauf einstellen kann, oder ob die Behinderung, etwa durch Straßenblockaden, im Rahmen dessen ist, was auch sonst erwartbar ist.

Für den Außenstehenden, der von medialer Berichterstattung abhängt, ist es dabei oft schwer, sich ein wirkliches Bild von der Sache zu machen. Während die Medien beispielsweise nahezu einhellig die Autobahn-, Hafen- und Flughafenblockaden der »Letzten Generation« verurteilen, weil dadurch Rettungseinsätze verzögert würden, sah etwa die Berliner Feuerwehr nichts, das über Behinderungen durch gewöhnliche Staus hinausging. Bei jeder Blockade sind ein bis zwei Aktive nicht angeklebt, um Rettungswagen sofort durchlassen zu können. Wenn überhaupt, scheiterten

Rettungseinsätze stets am Unvermögen der Autofahrer, Rettungsgassen zu bilden.

## 7.3 Nötigung und »Gewalt gegen Sachen«

Bei Gewalt- oder Zwangsausübung muss zwischen den Implikationen von Nötigung und »Gewalt gegen Sachen« unterschieden werden.

»Nötigung« nach § 240 des Strafgesetzbuchs liegt dann vor, wenn man »einen Menschen rechtswidrig mit Gewalt oder durch Drohung mit einem empfindlichen Übel zu einer Handlung, Duldung oder Unterlassung« zwingt. Darunter fallen Blockaden oder Streiks. Komplexer ist die Frage nach »Gewalt gegen Sachen«, die es streng juristisch nicht gibt. Gewalt gegen Sachen ist strafrechtlich relevant, wenn dies zu körperlichen Folgen für Personen führt: Zerstöre ich Heizungsrohre, friert der Betroffene. Zerkratze ich einen tonnenschweren SUV (Sports Utility Vehicle), hat dies keine körperliche Wirkung auf den Besitzer und ist deshalb aus juristischer Sicht nur Vandalismus und Sachbeschädigung. Deshalb ist es rechtlich und moralisch gerechtfertigt, bei bestimmten Formen von Sachbeschädigung von »gewaltfreiem Widerstand« zu sprechen.

Auch hier ist vieles für den Außenstehenden verwirrend, insbesondere, weil im Jahr 2022 eine Vielzahl neuer Aktionsformen in die Öffentlichkeit treten. Die

Blockaden der »Letzten Generation«, die »stören, aber nicht zerstören« wollen, sind nur schwer von anderen Aktivistengruppen zu unterscheiden, die laut über die Sabotage von (industriellen) Maschinen und Infrastruktur oder (privaten) SUVs nachdenken beziehungsweise es auch tun.

Letztlich kann man aber die Frage, wie und welche Gewalt jemand, der vor Gericht steht, ausgeübt hat und welche strafrechtlichen Konsequenzen er tragen muss, den Juristen überlassen. Öffentliche Resonanz und Reaktionen auf die Blockaden der »Letzten Generation« oder Sachbeschädigungen an fossiler Infrastruktur belegen, dass Medien und eine breite Öffentlichkeit, die in Zeiten moralischer Revolutionen eine wichtige Rolle spielen, erstaunlich schnell verstanden, was mit den Aktionen im Kontext der Klimakrise gemeint ist: Schaden wird nicht um des Schadens willen zugefügt, sondern um ein Nachdenken, eine Verhaltensveränderung oder konkrete politische Ziele einzufordern.

## 7.4  Das letzte und beste zur Verfügung stehende Mittel

(Gegen-)Gewaltanwendung im Kontext Zivilen Widerstands ist zunächst legitim, wenn dargelegt werden kann, was im fraglichen Problemkomplex zuvor mit anderen, im Rahmen der Rechtsordnung zur Verfügung stehenden Mitteln und Wegen vergeblich ver-

sucht wurde. Und das sind sehr viele. Das Standard-
werk von Gene Sharp (2011) listet 198 Methoden auf,
die Website *www.tactics.nonviolenceinternational.net*
kommt auf 351, etwa Demonstrationen, Petitionen,
Bittbriefe, Sit-Ins, Die-Ins, Teach-Ins, Streiks, Flash-
mobs, Verweigerung von Steuerzahlungen etc. Des
Weiteren sollte der Nachweis erbracht werden, dass
all die vorgenannten Anstrengungen nicht den ge-
wünschten oder angemessenen Erfolg gebracht haben.
Dabei stellt sich die Frage von Verhältnismäßigkeit:
Wie lange muss der Versuch unternommen werden
oder welche Rolle spielen sich schließende Zeitfenster
oder andere Notlagen? Selbstverständlich werden hier
Befürworter und Gegner unterschiedlicher Ansicht
sein – die Frage ist, wer die Öffentlichkeit zu über-
zeugen vermag.

Es gab und gibt allerdings auch Situationen, in denen
sich Ziviler Ungehorsam und Ziviler Widerstand direkt als Instrument zur Bewirkung gesellschaftlichen
Wandels empfiehlt. Etwa, wenn Menschen aufgrund
ihres gesellschaftlichen Status keine Bildung haben,
um andere Strategien zu verfolgen oder aus anderen Gründen (Alter, rechtliche Diskriminierung) von
Partizipation, Zugang zu Entscheidungsträgern oder
anderen Formen der Mitbestimmung über ihre eigenen Anliegen ausgeschlossen sind. Ein Beispiel hierfür
ist der Aufstand der »Gelbwesten«, die in Frankreich
gegen eine ökologische Reform protestierten, bei der
die sozialen Folgen schlicht »vergessen« wurden.

Diane Nash, eine zentrale Figur der US-Amerikanischen Bürgerrechtsbewegung, ist überzeugt, dass Gandhis erfolgreicher gewaltfreier Massenprotest eine der wichtigsten Erfindungen des 20. Jahrhunderts sei. Anders als Befreiungskriege oder Revolutionen zeige er, so Nash, dass Kampf für sozialen Wandel möglich ist, ohne dafür Mitmenschen verletzen und töten zu müssen.

## 7.5 Klare Beziehung zwischen Aktion und Problem

Hilfreich für die öffentliche Vermittlung und Akzeptanz von Aktionen ist ein für jeden klar erkennbarer Zusammenhang zwischen Gewalt beinhaltenden Aktionsformen und dem kritisierten Problem. Dies ist etwa der Fall bei allen Firmen, die mit fossilen Energien immer noch ihr Geld verdienen, weshalb Aktionen im Umfeld von Tagebau, Kraftwerken und anderen Orten fossiler Infrastruktur und Produktionsstätten zunehmen. Dabei ist zu unterscheiden zwischen direkter Aktion und symbolischer Aktion: Im ersten Fall geht es um die direkte Beseitigung oder Reduktion von Bedrohungen (etwa die Sabotage von Kohlebaggern und Kraftwerken), die sofort zum Sinken des $CO_2$-Ausstoßes führen. Somit kann begründet werden, dass diese direkte Aktion in die Lage versetzt, eine ansonsten unmittelbar (weiter) bestehende oder drohende schwere Gefahr zu minimieren (Malm, 2021, S. 105f.). Ähnlich einleuchtend kann die Beziehung zwischen dem Finanzsektor hergestellt werden, der (2020/21) immer noch zwischen 740 Milliarden und 1,2 Billionen US-Dollar in fossile Unternehmen und Projekte lenkt. Hier kam es im April 2022 zu symbolischen Aktionen im Frankfurter Bankenviertel, etwa Zufahrtsblockaden, die illegale Anbringung von Plakaten (»Denkzetteln«) mit wissenschaftlichen Fakten aus dem IPCC-Bericht an deren Schaufenstern, oder das Vergießen von Öl vor deren Türen. Ebenso offensichtlich erklären sich Blockaden von Regierungseinrichtungen, solange diese immer noch dreimal mehr Subventionen in klimaschädliche Industrien lenken als in Klimaschutz oder selbst die neue Regierung mit Bürgschaften und Subventionen den Bau fossiler Industrien absichert.

## 7.6  Die Öffentlichkeit mitbedenken und einbeziehen

Bei jeder Aktion muss mitbedacht werden, wie die Öffentlichkeit sie aufnehmen wird, denn die Geschichte zeigt, dass Ziviler Ungehorsam und Ziviler Widerstand umso erfolgreicher sind, je größer der Rückhalt in der Öffentlichkeit ist. Dies ist ein großes Problem für die sich radikalisierende Klimaszene: Während den Jugendlichen und jungen Menschen bei den Fridays For Future-Demonstrationen noch die Herzen zuflogen, entsteht insbesondere bei Zivilem Widerstand der Eindruck, eine »terroristische« Minderheit wolle der Mehrheit ihre Überzeugung aufzwingen. Entsprechend schwer ist es für die Aktivisten, ihre Sicht der Dinge zu vermitteln. Etwa, dass »Gewalt gegen Sachen«, also beispielsweise Sabotage, als Ausdruck »friedlichen Protests« gelten kann (siehe 7.3). Selbst wenn viele nachvollziehen können, dass Aktivisten einen Kohlebagger stilllegen, lehnen ebenso viele das Zerstören von Firmenfenstern und -autos ab, weil befürchtet wird, es könne auch auf den privaten Bereich übergreifen (Engler & Engler, S. 240).

Hilfreich bei der Vermittlung an eine größere Öffentlichkeit ist der Zeitpunkt, zu dem eine Aktion stattfindet, etwa wenn er mit kritischen Ereignissen verbunden werden kann. So entwickelte etwa die »Letzte Generation« ihre Kampagne »Stoppt den fossilen Wahnsinn« aus Anlass des russischen Angriffs auf die Ukraine, als durch die generelle Berichterstattung mehr als deutlich wurde, dass Putins Krieg ohne den Ankauf russischer Rohstoffe (Kohle, Öl und Gas) durch andere Staaten nicht finanzierbar gewesen wäre. Hier drängte sich die Verbindung zwischen der Stütze autoritärer Regime, Friedens- und Menschenrechts- sowie Klimapolitik geradezu auf. Und: dass es keine Lösung sein kann, den Energiehunger der Wirtschaft statt mit russischen fossilen Energien mit solchen aus Katar zu stillen, welches CSU-Entwicklungshilfeminister Müller 2014 noch der Terrorfinanzierung beschuldigte.

Ein wichtiges Thema von Aktivismus ist Humor, weil er einerseits Menschen dazu bringt, über mächtige Personen zu lachen und diesen andererseits die Maske herunterreißt, sodass ein Eingreifen gegen den Scherz sie ebenso schlecht aussehen lässt wie das Ignorieren der Provokation. Etwa die Parodie auf die Neujahrsansprache des Bundeskanzlers, der Protest gegen Flüge jeder Art mit 99 Luftballons, einer für jeden erkennbaren Anspielung auf das Friedenslied von Nena, das Abladen von Pferdeäpfeln im Bundeslandwirtschaftsministerium mit der Ansage: »Wer Mist produziert, bekommt Mist geliefert« – alles virale Hits auf Social-Media-Kanälen.

Generell gilt: Knüpft eine Aktion an einem ohnehin weit verbreiteten Unbehagen in der Bevölkerung an, werden Aktivisten die Herzen zufliegen. Wollen Aktivisten hingegen ein bislang unterdrücktes und tabuisiertes Thema auf die gesellschaftliche Agenda setzen, muss gründlich überlegt werden, wie nicht nur öffentliche Aufmerksamkeit, sondern auch Wohlwollen sichergestellt und die Öffentlichkeit einbezogen werden kann. Deshalb ist es wichtig, durch die jeweilige Aktion populäre Bilder und Symbole für die breite Öffentlichkeit zu erschaffen, um so das Herz und den Verstand der Menschen zu gewinnen und damit Einfluss auf sie ausüben zu können. Entsprechend wichtig ist Kommunikation: mit Passanten im Umfeld einer Aktion, mit anwesenden Journalisten, aber auch über die sozialen Medien.

## 7.1 Framing

Dies leitet über zur vielleicht größten Herausforderung einer jeden Kampagne: Wie können Problem, Aktion und Forderung so »verpackt« (»geframt«) werden, dass größtmögliche positive Breitenwirkung entsteht? Dies ist eine besondere Herausforderung in einem so komplexen Thema wie dem Widerstand gegen ein ganzes Wirtschafts- und Gesellschaftssystem, denn dabei muss Einfachheit mit Faktenkenntnis und -vermittlung ebenso in Balance gebracht werden, wie sich ein Problem daraus ergibt, dass oft der Adressat oder Gegner nicht immer eindeutig identifizierbar ist. Einige Bilder sind in dieser Hinsicht provokant-populär (etwa das strafbewehrte Aufbrechen von Abfallcontainern, um Lebensmittel zu retten), andere bestenfalls riskant, wie etwa die Besetzung einer Kirche während des Gottesdienstes, um damit auf die Ausweitung eines Braunkohletagebaus hinzuweisen. Ersteres ist ein risikoloses »Gewinnerthema«, da ein klarer Zusammenhang zwischen Aktion und adressiertem, weit bekanntem Missstand besteht, bei Letzterem ist kaum kalkulierbar, wie die von der Aktion Betroffenen und die Öffentlichkeit es aufnehmen werden, da es viel Zusatzinformation verlangt, um die Zusammenhänge auch nur annähernd verstehen zu können, die Menschen vielleicht gar nicht anzuhören bereit sind. Die Autobahnblockade ist ein Mittelweg. Sie adressiert nicht nur als direkte Aktion die Notwendigkeit zur

Verkehrswende, sie ist auch ein starkes Symbol für die Botschaft: »Stopp, kein Weiter-So, wir müssen umlenken, Systemwandel statt Klimawandel«, womit ein Zusammenhang von direkter und symbolischer Aktionsform, Systemkritik und die Forderung nach einer Systemalternative anschaulich auf den Punkt gebracht wird.

Präzision in der Formulierung ist wichtig, um vorhersehbare Einwände zu vermeiden. Als Beispiel kann die Aussage dienen: »Der Mensch ist am Massenartensterben schuld!« Diese Formulierung ist wichtig, denn die verbreitete Gleichsetzung von Klimawandel und Artensterben ist falsch. Auch wenn Klimawandel (inzwischen) der größte Einflussfaktor sein dürfte, so ist er nur einer unter mehreren. Denn Artensterben ist ebenfalls verursacht durch monokulturellen Ackerbau, das Trockenlegen von Mooren, das Wasserabpumpen für eine Mineralwasser-Abfüllanlage, direkte Ausbeutung (zum Beispiel Überfischung) oder die menschliche Einführung invasiver Arten in Ökosysteme, die sich dagegen nicht wehren können (zum Beispiel die Miniermotte, die bayerische Biergartenkastanien schädigt). Was die gewählte Aussage rechtfertigt, ist die allen gemeinsame Problemursache, nämlich der Mensch und die Art und Weise, wie er das weltweit dominante Wirtschaftssystem organisiert hat.

# 8  Historische Vorbilder

Bevor wir uns der Gegenwart zuwenden, noch ein Blick in die Vergangenheit, um zu zeigen, dass es in diesem Buch keinesfalls um etwas Neues geht. Ziviler Ungehorsam und Ziviler Widerstand, mit oder ohne Gewalt beinhaltende Elemente, stehen in einer langen Tradition.

## 8.1  Theoretisch

Die Frage nach Zivilem Ungehorsam beschäftigte schon die Antike. In der Tragödie »Antigone« verstößt die gleichnamige Heldin unter Verweis auf höhere Werte gegen die Anordnung des Königs. Ebenso wurden Sklavenbefreiung und Dekolonialisierung natürlich auch theoretisch reflektiert. Da dieses Buch aber vor allem heute praxisrelevante Fragen in den Fokus rücken möchte, soll der historische Rückblick keinen großen Raum einnehmen. Zwei Perioden aus der jüngeren deutschen Geschichte möchte ich an dieser Stelle nennen, weil das damals Diskutierte auch heute noch von legitimierender Bedeutung ist.

Da sind zunächst die Unruhen in den 1968er-Jahren zu nennen, aus denen bekannte Schlagworte stammen wie: »Macht kaputt, was euch kaputt macht!« (Titel eines Liedes der Gruppe »Ton Steine Scherben«) oder »Es gibt kein richtiges Leben im falschen« (Theodor W. Adorno, Minima Moralia). Einen guten und passenden Überblick zu dieser Zeit gibt aus meiner Sicht folgender Auszug aus dem Wikipedia-Artikel zum Stichwort »Gewalt«:

> Frantz Fanon und Herbert Marcuse formulierten unter dem Eindruck von Algerien- und Vietnamkrieg das Prinzip der »Gegengewalt«, die [...] ausgeübt wird mit dem Zweck, die sie beherrschende Gewalt zu brechen. Marcuse sagte: »(I)ch glaube, daß es für unterdrückte und überwältigte Minderheiten ein ›Naturrecht‹ auf Widerstand gibt, außergesetzliche Mittel anzuwenden, sobald die gesetzlichen sich als unzulänglich herausgestellt haben. Gesetz und Ordnung sind überall und immer Gesetz und Ordnung derjenigen, welche die etablierte Hierarchie schützen; es ist unsinnig, an die absolute Autorität dieses Gesetzes und dieser Ordnung denen gegenüber zu appellieren, die unter ihr leiden und gegen sie kämpfen - nicht für persönlichen Vorteil und aus persönlicher Rache, sondern weil sie Menschen sein wollen. Es gibt keinen anderen Richter über ihnen außer den eingesetzten Behörden, der Polizei und ihrem eigenen Gewissen. Wenn sie Gewalt anwenden, beginnen sie keine neue Kette von Gewalttaten, sondern zerbrechen die etablierte.«

Auch die überwältigende Mehrheit der 1968er-Bewegung ist sehr deutlich: Gegengewalt ist maximal »Gewalt gegen Sachen«, nicht aber »Gewalt gegen Personen« – nicht zuletzt wegen dadurch provozierter negativer Folgen von Aktionen der sogenannten Stadtguerilla, der Baader-Meinhof-Gruppe oder der RAF. Diese sahen Gewalt gegen Menschen als legitim an und handelten entsprechend. Die Folge war eine breite gesellschaftliche Ablehnung ihrer Methoden und Ideen mit dem Nebeneffekt, dass so auch staatliche Repression gegen andere Formen des Protests weitgehende Legitimierung fand. Dadurch warfen sie die von Willy Brandt einst geforderte Demokratisierung der Gesellschaft um Jahrzehnte zurück.

Sodann bieten die Friedensbewegung im Kontext der Nachrüstungsdebatte und die Anti-Atombewegung Begründungen, die noch heute hinsichtlich der Legitimierung von Aktionen gegen eine »Wirtschaft, die tötet«, relevant sind (Glotz, 1983).

## 8.2   Praktisch

Besonders wichtig sind jedoch praktische Beispiele früherer Bewegungen Zivilen Ungehorsams und Widerstands:

- Bei der Boston Teaparty wurde 1773 Konzerneigentum der East India Company gestohlen und symbolträchtig im Meer versenkt.

- Die Ludditen und »Maschinenstürmer« zerstörten Anfang des 19. Jahrhunderts die Maschinen, die ihnen die Arbeitsplätze nahmen – der Aufstand wurde erst durch Militäreinsatz beendet.

- Das Wort »Sabotage« stammt von dem französischen Wort »sabot«, den Holzschuhen, die Arbeiter Ende des 19. Jahrhunderts in Maschinen steckten, um sie zum Stillstand zu bringen.

- Die Suffragetten verloren Anfang des 20. Jahrhunderts irgendwann die Geduld zum Demonstrieren und begannen, Fensterscheiben einzuwerfen. »Besser zerbrochene Fenster als gebrochene Versprechen«, meinte dereinst Lillian Ball.

- Ein CIA-Handbuch war während des Zweiten Weltkriegs wichtige Hilfestellung für alle im Gebiet des nationalsozialistisch besetzten Europas, die Anleitungen zur Sabotage kriegswichtiger Infrastruktur suchten.

- Martin Luther Kings gewaltfreie Bewegung war auch deshalb erfolgreich, weil Menschen durch Zivilen Ungehorsam soziale Normen brachen und dadurch gewalttätige Reaktionen mit breiter Berichterstattung und öffentlicher Diskussion provozierten (Freedom Rider!), oder weil Aktionen des radikaleren Malcolm X der Gesellschaft vor Augen führten: Sprechen wir nicht mit Martin Luther King, werden radikalere Bewegungen an Zulauf gewinnen.

- Zum Erfolg der Friedens- und Anti-Atombewegung führten nicht zuletzt hartnäckige Blockaden, das Durchschneiden von Zäunen, das Festketten an Schienen, das Untergraben von Eisenbahnschotterbetten zum Anhalten von Castor-Transporten und die massenhafte Bereitschaft, sich verhaften zu lassen.

Die Nachrüstungsbewegung ist überhaupt eine hochinteressante Parallele zu heute: Auch damals gab es einen breiten Schulterschluss von Künstlern, Kirchenhauptamtlichen, Wissenschaftlern, Richtern, Staatsanwälten, Politikern und Millionen von Bürgern. Auch damals bestimmte Unsicherheit hinsichtlich »der schweigenden Mehrheit« das Handeln aller Akteure. Auch damals riefen Eliten und Politik zu Vernunft und Dialog auf und warnten vor unnötig radikalen Aktionen (siehe Der Spiegel, 1983). Auch damals wurde Ziviler Ungehorsam als »fortgeschrittene Form der Demonstration« und Ausdruck des Willy Brandt'schen »mehr Demokratie wagen« gesehen. Zudem wurde Ziviler Ungehorsam als angemessenes Mittel gegen den Einfluss von Lobbyisten gesehen, denn:

> Viele Dinge, die der Staat will, werden von der Industrie blockiert. Eine Regierungsentscheidung politisch nicht durchsetzbar zu machen, ist durchaus ein alltäglicher Zustand in dieser Gesellschaft. Was die Industrie mit Lobbytätigkeit und Geld ständig durchsetzt, kann die Bevölkerung mit gutem Recht mit den Mitteln, die sie hat, durchsetzen. (Es ist) mitnichten ein Angriff auf die

Demokratie, sondern im Gegenteil der Versuch einer
Verwirklichung von Demokratie. (Leinen, 1983, S. 25)

Der Ukrainekrieg ist die beste Illustration dafür, dass
diese Sicht heute noch Gültigkeit hat: Eine durch Lobbyisten verhinderte Reduzierung der Abhängigkeit
des globalen Wirtschaftssystems von fossilen Ener-
gieträgern durch massiven Ausbau regenerativer
Energien hätte Russland Gelder vorenthalten, die
zur Aufrüstung seiner Streitkräfte und schließlich
dem Angriff auf die Ukraine verwendet wurden. Zugleich illustrieren Pläne der Bundesregierung, dass
die Macht der fossilen Lobby ungebrochen ist: So soll
Gas jetzt von anderen Autokratien wie Saudi-Arabien
oder Katar eingekauft werden, deren menschenrechts-
feindliche Regime Terrorismus (Hisbollah, Hamas)
und Kriege (Jemen) anderswo fördern. So sollen 200
Milliarden Euro für »Freiheitsenergien« bereitgestellt
werden, aber die sofortige Streichung fossiler Subventionen zur Gegenfinanzierung dieser Summe ist
nicht Teil der Ankündigung.

## 8.3  Ungehorsam und Widerstand als Wegbereiter moralischer Revolutionen

Die vorstehenden Beispiele führten zu moralischen
Revolutionen in ihrer jeweiligen Zeit, zur Verschie-
bung gesellschaftlicher Leitwerte. Der Bezug auf
fundamentale Wertetraditionen zur Begründung des

außergewöhnlichen Tuns veränderte irgendwann auch die bis dahin geltenden rechtlichen Selbstverständlichkeiten. Galten Sklaven einst als Wirtschaftsgut, erkennt man in ihnen heute Menschen, galten Frauen als Menschen zweiter Klasse, reden wir heute über Gleichberechtigung und so weiter.

Schon damals also riskierten jene, die für die in ihren Augen richtige und wichtige Sache gültige und allgemeinverbindliche Gesetze brachen, Strafen, Gefängnis, Verleumdung und Gesundheit. Heute gelten diese Menschen vielen als visionäre und vorausschauende, mutige Helden und Pioniere, die durch ihren persönlichen Einsatz und ihr persönliches Opfer dazu beitrugen, dass wir in der Gegenwart wiederum unsere Standards haben, die uns selbstverständlich erscheinen.

Wenig überraschend, sehen sich Klimaaktivisten heute in genau diesen Traditionen. Auch sie brechen in Zivilem Ungehorsam Gesetze um einer höheren Werteordnung willen, mit der sie Geltungsinhalt und Geltungsumfang bestehender Gesetze und Rechtsnormen nicht insgesamt infrage stellen, sondern ausweiten und umdeuten wollen. Für sie ist Ziviler Ungehorsam ein Mittel, um für besseres, angemesseneres, gerechteres Recht einzutreten, für den Rechtsfortschritt, den die Demokratie braucht. Sie berufen sich auf Hannah Arendt, etwa ihre Aussage: Recht kann zwar »Veränderungen, wenn sie einmal vollzogen sind, stabilisieren und legalisieren, doch die Veränderungen an sich sind immer das Ergebnis von Handlungen außerrechtlicher Natur« (zit. in Höntzsch, 2021). Sie gehen sodann in Zivilen Widerstand, um einem umfassenderen Verständnis von Gerechtigkeit und Nachhaltigkeit Aufmerksamkeit und Unterstützung zu verschaffen. Dabei beanspruchen sie, im »Geist« jener Werteimplikationen zu handeln, der je immer schon hinter und über den gesetzlichen Normen steht. Sie wollen diesen Geist an die zeitlichen Umstände anpassen und bestehende Regelsysteme als Ganzes weiterentwickeln.

Und: Was ist wertvoller als das Leben? Wenn die Szenarien stimmen, dass es perspektivisch zu Millionen Toten und Milliarden Flüchtlingen kommt (Xu, Kohler & al., 2020) und dass es den Zusammenbruch menschlicher Zivilisation zu verhindern gilt (UNDRR, 2022), dann ist Ziviler Ungehorsam und Ziviler Widerstand mehr als gerechtfertigt – wie Kapitel 10 verdeutlichen wird.

# 9 Außergewöhnliche Maßnahmen für außergewöhnliche Zeiten

Nun also zu den Mitteln, mit denen auf heute ausgeübte Gewalt reagiert wird. Nachfolgendes ist eine Auswahl an typischen Methoden, da dieses Buch sich nicht als Aktionshandbuch versteht.

## 9.1 Individuelle nicht strafbare und strafbare Handlungen

Es gibt Maßnahmen, die spürbaren und realen Druck erzeugen, aber nicht strafbar sind. Etwa die Organisation von Kaufboykotten sowie das Naming and Shaming, also das Aufdecken von sozial-ökologischem Fehlverhalten von Konzernen und Superreichen gegenüber dem Gemeinwesen und breite Bekanntmachung desselben. Zudem gibt es individuelle strafbare Protestformen wie die Verweigerung, bestimmte Steuern zu bezahlen, die aber die Rechte Dritter nicht unmittelbar beeinträchtigen.

## 9.2 Gemeinschaftlich begangene strafbare Handlungen ohne Nötigungsaspekt

Relativ breit akzeptiert sind gemeinschaftlich begangene Handlungen wie Schulstreiks, nicht genehmigte oder gar verbotene Versammlungen oder das unerlaubte Aufhängen provozierender Transparente – sofern sich die öffentliche Störung in Grenzen hält und das Ganze gewaltfrei-friedlich sowie ohne Sachbeschädigung vonstatten geht. Dabei kann es durchaus zu hitzigen Debatten kommen, wenn etwa nach dem Aufhängen klimarelevanter Botschaften wie »Think Global – Act Local« an der Nürnberger Kaiserburg auch die dort wehende deutsche Fahne abgehängt und durch eine Regenbogenfahne ersetzt wurde, um darauf aufmerksam zu machen, dass marginalisierte Minderheiten auch vom Klimawandel und seinen Folgen stärker betroffen sind als die überwiegende Mehrheit der Bevölkerung. Da ermittelte umgehend der Staatsschutz! Hierher gehören zudem die in der Regel gemeinschaftlich verfassten öffentlichen Aufrufe zu strafbaren Handlungen, um die es im Folgenden geht.

## 9.3 Strafbare Handlungen mit Nötigungsaspekt

Angekündigte, aber noch mehr unangekündigte Blockaden können den Nötigungsaspekt erfüllen, der die Komfortschwelle breiter Bevölkerungsschichten endgültig übersteigt, weil diese es nicht (mehr) erlauben, geplante Wege und kalkulierte Zeitpläne einzuhalten. Das passiert beispielsweise in Form individueller Sitzstreiks auf der Straße (»Rebellion of One«), durch das Lahmlegen von Verkehrsinfrastruktur (Bahnlinien, Fern- und Zulieferstraßen) oder ganzer Innenstädte durch hunderte Protestierer. Darunter fallen sodann die Zugangsblockade zu Industrieanlagen, Abbaugebieten, Lobbyistenbüros, Firmenzentralen und Konferenzzentren. Hier können weitere strafbare Handlungen wie etwa Haus- und Landfriedensbruch hinzukommen oder Widerstand gegen Vollstreckungsbeamte, wenn man sich trotz Räumungsaufforderungen festklebt oder festkettet und die Polizei entsprechend aktiv Kraft und Zeit zur Beseitigung des »Hindernisses« aufwenden muss.

Dabei gilt aus juristischer Sicht, dass nicht alles, was strafrechtlich wie Nötigung aussieht, auch strafrechtlich relevant ist. Eine passive Gewaltausübung, etwa durch Sitzblockaden, führte während den Nachrüstungsprotesten zunächst zur strafrechtlichen Aburteilung wegen Nötigung. Später wurden diese vom Bundesverfassungsgericht in seinem »Brokdorf-Urteil«

nicht für rechtmäßig befunden, weil sie sich auf eine unzulässige Ausdehnung des Gewaltbegriffs stützten. Auch hat das Bundesverfassungsgericht in der Vergangenheit immer wieder (Straßen-)Blockaden, sofern sie friedlich waren, ausdrücklich als Ausdruck demokratischer Partizipation geschützt.

Die juristische Bewertung heutiger Infrastrukturblockaden dürfte ähnlich lange Zeit in Anspruch nehmen und von der Würdigung des Einzelfalls abhängen, etwa von der (Nicht-)Ankündigung und Dauer einer Aktion, bestehenden Ausweichmöglichkeiten, davon, wie schwer oder leicht Blockaden aufzulösen sind, das heißt, ob die Blockierer der Räumungsaufforderung folgen, sich ohne Widerstand wegtragen lassen oder ob sie sich festketten oder festkleben. Natürlich hängt es auch vom jeweiligen Gericht ab. So unterschied etwa der Hessische Verwaltungsgerichtshof hinsichtlich einer Blockade im Dannenröder Forst zwischen »Verhinderungsblockaden« und »demonstrativer Blockade« und erachtete letztere in Bezug auf die verfassungsrechtlich zugesicherte Versammlungsfreiheit (Art. 8 GG) als zulässig, da die Behinderung Dritter verhältnismäßig sei.

Relevant werden können in dieser Beispielkategorie zudem die Straftatbestände gefährliche Eingriffe in den Straßen-, Schienen- und/oder Luftverkehr, Störung öffentlicher Betriebe oder gar der öffentlichen Ordnung.

## 9.4 Strafbare Aktionen gegen Eigentum

### Eindringen in »befriedetes« Besitztum

Die Strafhöhe kann steigen, wenn »befriedetes« Besitztum betreten wird. Dies gilt etwa für das Durchschneiden von Zäunen an Flughäfen, Firmen-, Produktions- und Abbaugeländen oder das unerlaubte Betreten der Eingangsfoyers von Lobbyistenbüros, Firmenzentralen und Konferenzzentren. Ein Beispiel hierfür ist das Besetzen von Büroräumen beim Deutschen Braunkohle-Industrieverein durch Aktivisten der Gruppe »Ende Gelände« oder das Tennisspiel im Foyer der Crédit Suisse in Zürich. Hier käme dem Straftatbestand des Hausfriedensbruchs ein größeres Gewicht zu als einer bloßen Blockade der Tür.

### Diebstahl

Ist man erstmal auf befriedetes Eigentum eingedrungen, können Dinge entwendet werden. Ein Beispiel in dieser Kategorie ist »Containern«, aber natürlich kann man auch Werkzeuge oder Maschinen von Betriebsgeländen entwenden, um bestimmte Prozesse aufzuhalten oder die entwendeten Dinge an anderen Orten öffentlichkeitswirksam wieder einzusetzen – so geschehen, als Aktivisten in Berlin den Buchstaben »C« aus der CDU-Parteizentrale entfernten und in eine Kirche brachten. Komplexer in der Bewertung, aber in dieselbe Kategorie, fallen Aktivitäten von sogenannten Whistleblowern, also Personen, die sich widerrechtlich Firmen-, Finanz- oder Steuergeheimnisse aneignen, um sie der Öffentlichkeit zur Verfügung zu stellen und dadurch Straftaten zu enthüllen.

## Beschädigung und Zerstörung

Strafverschärft wird Vorstehendes durch die Beschädigung und Zerstörung von Eigentum. Etwa beim »gefährlichen Eingriff in den Bahnverkehr«, wenn das Schotterbett untergraben wird, um Castor-Transporte zu verzögern und dadurch Unfälle in Kauf genommen werden. Letzteres wurde zur Zeit der Anti-Atomproteste als Akt »kollektiver Sabotage« gewertet. Sodann entsteht Schaden innerhalb und außerhalb von Gebäuden durch Farbbomben, das Aufsprühen von Graffiti, die Sabotage von Maschinen der fossilen Industrie oder Verkehrsinfrastruktur. Hierher gehören die Aktivitäten von Jessica Reznicek und Ruby Montoya vom Catholic Worker Movement. Diese erreichten internationale Bekanntheit, weil es ihnen durch Brandanschläge auf Materiallager und Zerstörung von schweren Maschinen gelang, den Ausbau einer Ölpipeline zu verzögern und eine öffentliche Diskussion zu den Folgeschäden solcher Infrastrukturprojekte in Gang zu bringen.

Eine harmlosere, aber dennoch ordnungswidrige und deshalb sanktionierte Variante ist »Stickern« und wildes Plakatieren, womit Aktivisten ihre Anliegen oder Termine in der Öffentlichkeit platzieren. Dabei ist diese Tätigkeit oft der Abwesenheit legaler und bezahlbarer Plakatiermöglichkeiten geschuldet, etwa der Tatsache, dass die Fridays For Future-Bewegung keinen rechtlichen Status hat und deswegen keine »Sondernutzungserlaubnis« aufgrund von Gemeinnützigkeit erhalten kann – eine Option, die selbst milliardenschwere Stiftungen, Think Tanks oder Lobbyistenvereine gerne nutzen.

## Neuere Aktionsformen

Schließlich bietet das Internet Handlungsmöglichkeiten, bei denen strafrechtliche Bewertungen erst am Anfang stehen. Hacker-Aktivitäten sind bekannt, also der unautorisierte Zugriff auf private, öffentliche oder firmeneigene Server und das Stehlen/Veröffentlichen von ansonsten geheimen Daten von öffentlichem Interesse, die beispielsweise auch bereits laufende Aktivitäten Zivilen Ungehorsams und Widerstands weiter begründen können. In diesem Zusammenhang steht Doxxing (das internetbasierte Zusammentragen und anschließende Veröffentlichen von personenbezogenen Daten), wobei hier aufgrund betroffener Persönlichkeitsrechte eine höhere Rechtfertigungsschwelle besteht. Auch »DDoS« (Distributed Denial of Service), auf Deutsch »Volumenangriffe«, erfreuen sich zunehmender Beliebtheit: Durch die künstliche Schaffung von Zugriffen wird der Zusammenbruch von Websites und dort angebotenen Dienstleistungen erzeugt – eine moderne Variante von Aktionsformen der Kapazitätsüberlastung, mit denen beispielsweise die US-Bürgerrechtsbewegung, die serbische OTPOR! oder die »Letzte Generation« zunächst die Angst vor Verhaftungen senkte und dann die Grenzen von Polizei- und Gerichtskapazitäten sowie Haftplätzen zu strapazieren suchten.

## Sonderform Hungerstreik

Hungerstreik ist weder strafbar noch schränkt er sonst die Rechte und Freiheiten Dritter ein. Und doch ist es als moralische Nötigung eine Form von Gewalt. Zumindest wird es von vielen als solche empfunden, wie aus Anlass des Hungerstreiks vor der Bundestagswahl deutlich wurde. Viel Unverständnis und Häme war zu hören: Wer vor solchen Jugendlichen einknicke, knicke irgendwann auch vor Putin ein. Und: Man solle sich lieber konstruktiv in den gesellschaftlichen Dialog einbringen, anstatt sich selbst zum Märtyrer zu stilisieren und so weiter. Allein Deutschlands prominentester Klimaforscher, Prof. Hans Joachim Schellnhuber, fand in der Öffentlichkeit die rechten Worte, weshalb er hier zitiert werden soll:

> Dass ihr alarmiert seid, ist nur folgerichtig - ich bin selbst in größter Sorge um die Zukunft unserer Zivilisation [...] Es geht also um das Überleben beziehungsweise künftige Leben von vielen Millionen Mitmenschen und von vielen Milliarden Mitgeschöpfen. Deshalb ist nachvollziehbar, vielleicht sogar verhältnismäßig, dass ihr mit dem Hunger- beziehungsweise Durststreik

die Gefährdung eures eigenen Lebens in die Waag-
schale werft, um den notwendigen Politikwechsel zu
bewirken. Wer euch deshalb »Erpressung« oder der-
gleichen vorwirft, verkennt, dass dieses Streikmittel in
der Geschichte oftmals erfolgreich eingesetzt wurde.
Bezeichnenderweise verehrt unsere Gesellschaft die
beteiligten Helden am liebsten dann, wenn sie schon
lange tot sind (wie Mahatma Gandhi) oder sich in weiter
Ferne befinden (wie Alexei Nawalny). (Schellnhuber,
2021a)

Ebenso musste ich seinerzeit angesichts des Bemü-
hens der Hungerstreikenden, auf den Hunger in Ma-
dagaskar und anderswo im globalen Süden fern der
Kameras hinzuweisen, an das Wort von Erzbischof
Romero denken: »Die einzige Form von Gewalt, die
das Evangelium zuläßt, ist diejenige, die man sich
selbst gegenüber anwendet. Wenn Christus zuläßt,
daß er getötet wird, dann ist das Gewalt: sich töten
zu lassen. Die Gewalt gegen sich selbst ist wirksamer
als die Gewalt gegen andere« (zit. in Maier, 2015).

# 10 Rechtfertigungen

Während oben (5) anhand ausgewählter wissenschaft-lich-empirischer Fakten dargelegt wurde, warum unsere heutige Zeit zu Recht als außergewöhnlich gekennzeichnet werden kann, folgen nun »Begrün-dungsfiguren«, die Aktivisten als Rechtfertigung für ihre Aktionen vortragen. Ein Buch wie das vorliegen-de, in dem es um eine Übersicht über ein Thema geht, muss dabei auswählen und akzentuieren. Das Nach-folgende sind vertretene und vertretbare Positionen, die bei der Einordnung von Aktionen und Debatten helfen sollen.

Zunächst soll an bereits Dargelegtes erinnert werden, nämlich dass Aktivisten ihr Tun als legitime *Reaktion* auf vorausgegangene, vom wirtschaftlichen *System* und seinen Verantwortungsträgern verursachte oder zugelassene Gewalt verstehen. Selbst Philosophen unterstützen dieses »Gegengewaltargument«, wenn etwa Eva von Redecker daran erinnert, »dass unse-re ganze Lebensweise auf Gewalt gegenüber Sachen begründet ist« und die legale Ausbeutung der Natur als Beispiel anführt. »Grundsätzlich überzeuge es sie zwar nicht, dass man zur Bekämpfung von größerer Gewalt auch selbst gewalttätig sein dürfe. Aber: ›Wenn man denkt, dass Militanz jemals in der Geschichte

ethisch gerechtfertigt war, dann sind es auch diese
Proteste«« (zit. in Schwarz, 2022).

## 10.1 Regierung und Parlament an ihre Verantwortung erinnern

Aktivisten betonen, dass sie handeln müssen, weil
Regierungen ihren ethischen Verpflichtungen und
Verantwortungen nicht nachkommen. Zum einen für
Schäden, für die Deutschland als Teil des kolonialen,
imperialen, neoliberalen etc. Systems mitverantwort-
lich ist, zum anderen die Verantwortung gegenüber
künftigen Generationen. Beginnen möchte ich mit
dem Pariser Klimaabkommen, das nicht irgendein
Abkommen, sondern völkerrechtlich verbindlich ist.
Seine Verpflichtungen seien, so das Bundesverfassungsgericht in seinem »Klimaurteil«, unmittelbar
verpflichtend: Angemessenes Handeln darf nicht mit
dem Hinweis verschleppt werden, dass andere Länder
ja auch nicht angemessen handeln.

Was Deutschland tun könnte, legen seit Jahren wissenschaftliche Beratergremien und Sachverständigen-
räte dar, die teils von der Bundesregierung selbst eingesetzt werden: Der Wissenschaftliche Beirat Globale
Umweltveränderungen, der Sachverständigenrat für
Umweltfragen, die Kohlekommission, Think Tanks
und NGOs, die Scientists For Future ... Nichts führte
bislang zu entschiedenem und angemessenem Han-

deln. Was die junge Generation von dieser Verzögerungstaktik hält, bringt Rezo auf den Punkt:

> Ja ey, come on: Wozu habt ihr denn so 'nen Sachverständigenrat, wenn ihr sowieso irgendwelche Jahreszahlen würfelt und macht, was ihr wollt? Was erhofft ihr euch davon? Dass sich die Naturgesetze ändern und nach eurem Zeitplan richten? Ey Junge, grow the fuck up. Hier geht's um was! (ab Minute 25:53 von Rezo, 2021)

Entsprechend sehen Aktivisten im (Nicht-)Handeln der Bundesregierung eine Verletzung ihres Amtseids, der da lautet:

> Ich schwöre, dass ich meine Kraft dem Wohle des deutschen Volkes widmen, seinen Nutzen mehren, Schaden von ihm wenden, das Grundgesetz und die Gesetze des Bundes wahren und verteidigen, meine Pflichten gewissenhaft erfüllen und Gerechtigkeit gegen jedermann üben werde. (Artikel 56 Grundgesetz)

Auf diesem Hintergrund war das »Klimaurteil« des Bundesverfassungsgerichts eine Klatsche, weil es die Verfassungswidrigkeit des ersten »Klimapäckchens« der Regierung Merkel feststellte. Allerdings reicht es nicht mehr, im Fall begründeter Zweifel auch weiterhin auf Gerichtsverfahren zu setzen: Gerichtsverfahren dauern, und Zeit ist, wie in 5.3 dargelegt, ein schwindendes Gut.

Nicht vergessen werden dürfen zudem Politiker, die sich in diesem Zusammenhang sogar damit brüsten, rechtliche Verpflichtungen zu ignorieren. Markus Söder etwa weigert sich hartnäckig, geltende EU-Normen zur Luftreinhaltung umzusetzen, was ihm eine Klage durch die Deutsche Umwelthilfe und als Chef der Bayerischen Staatsregierung auch Geldstrafen einbrachte, ohne dass der eigentliche Missstand behoben worden wäre. Dies führte zur Anfrage des Bayerischen Verwaltungsgerichtshofs an den Europäischen Gerichtshof, ob Zwangsmaßnahmen gegen deutsche Politiker zum Zweck der Durchsetzung von EU-Recht möglich seien. Die Antwort des Europäischen Gerichtshofs war diplomatisch, schloss Zwangsmaßnahmen aber auch nicht ausdrücklich aus.

Kann eine solche Verweigerungshaltung Zivilen Widerstand legitimieren? Erneut ein Rückblick auf die Nachrüstungsdebatte, in welcher der Strafrechtler Schüler-Springorum bei der Berechtigungsbewertung Zivilen Ungehorsams auf den Zeitfaktor hinwies: »Nehmen wir die Frage der Pershing II: Wenn deren Stationierung die ohnehin schon offenkundige Gefahr für Leib und Leben der Gesamtbevölkerung nicht vermindert, sondern erhöht, dann zeigt die Uhr [...] auf zwei Minuten vor Zwölf« (1983, S. 89). Daraus folgt für Schüler-Springorum die Frage: Bei wem liegt die Schuld? Bei dem, der fahrlässig eine Gefahr aufziehen lässt, oder bei dem, der durch Gesetzesbruch darauf hinweist? Gäbe es nach dem Eintreten einer eigentlich vermeidbaren Katastrophe »noch einen ›objektiv nachträglichen Beobachter‹, so wäre sein Urteil wohl, was Kinder gerne mit dem Wort ›Siehste!‹ zusammenfassen. Das heißt, jenen, die den Erfolgseintritt hätten verhindern können, wäre rückblickend zumindest das bewusst fahrlässige Eingehen des Risikos zuzuschreiben« (1983, S. 90). Unter anderem wegen des Klimawandels zeigt die vom Bulletin of Atomic Scientists jährlich neu gestellte »Weltuntergangsuhr«, auf die Schüler-Springorum anspielt, aktuell auf einhundert Sekunden vor Zwölf!

Dabei sind Mittel zur Krisenbewältigung bekannt, die Bevölkerung wäre zur Umsetzung bereit – siehe Bürgerrat Klima. Weil es aber bei uns nicht möglich scheint, angemessen voranzukommen, sind Aktionen der Klimagerechtigkeitsbewegung begleitet vom Ruf nach einer Reform von Partizipation und Mitbestimmung im Staat. Bürgerräte ergänzend zum Parlament empfehlen sich auch, um längerfristige Prozesse, die die vierjährigen Legislaturzyklen überspannen, begleiten zu können. Dabei werden sie von Deutschlands prominentestem Klimaschützer Hans Joachim Schellnhuber unterstützt, der Bürgerräte als Weiterentwicklung der losbasierten athenischen Demokratie und Ergänzung zum aktuellen demokratischen System lobt (Schellnhuber, 2021b).

Somit gilt auch heute, dass dann, wenn Regierung und Parlament ihren Job nicht machen, die Zivilgesellschaft nicht nur berechtigt ist, sie daran zu erinnern, sondern eine »Pflicht zum Ungehorsam gegen den Staat« hat (Thoreau, 1996).

## 10.2 Druck auf staatliche Institutionen

Auch auf staatliche Institutionen wird vielschichtig Druck ausgeübt. Ein bekanntes Vorbild hierfür sind die »Freedom Riders« – junge Menschen, die unter Missachtung etablierter Segregationsregeln im Süden der USA staatliche Institutionen zum Eingreifen provozierten, als bereits geltendes Recht nicht umgesetzt wurde. Dies erzeugte zum einen ein negatives Image für staatliche Behörden. Denn während diese nur soziale Normen verteidigten, wollten die Aktivisten die ihnen rechtlich zustehenden und höchstrichterlich zugesprochenen Rechte in Anspruch nehmen. Die Situation schuf aber durch das Anwachsen der Proteste auch ein reales Kapazitätsproblem bei Polizei, Justiz und Justizvollzug, denen die Zellen zum Wegsperren der Aktivisten ausgingen.

An diesem Vorbild orientiert sich auch die »Letzte Generation« mit ihrer Eskalationsstrategie: Nach einem Monat Containern mit Selbstanzeigen zur Beschleunigung des im Koalitionsvertrag versprochenen »Essen-Retten-Gesetz« folgte ein Monat mit Autobahnblockaden, wiederum gefolgt von Blockaden von Finanzinstitutionen und fossiler Infrastruktur ... – alles mit dem Ziel, das Dilemma für die Regierung zu verstärken: Sollen sie berechtigte, legitime, teils populäre Forderungen erfüllen oder die Störer wegsperren? Ein entscheidender gesellschaftlicher Kipppunkt in Krisenzeiten, so einer der Federführenden der »Letzten Generation« in einer persönlichen Kommunikation, »ist der immer zu treffende Punkt der kritischen Masse. Dieser kommt, wenn nicht mehr ›policed‹ werden kann, oder die Gesamtkosten einer Repression die einer Verhandlung (hinsichtlich des Geforderten, d. V.) übersteigen«.

## 10.3 Notwehr und rechtfertigender Notstand

Eine wichtige rechtliche Begründung Zivilen Ungehorsams und Widerstands ist für Aktivisten »Notwehr«, das heißt das Wehren gegen eine bestehende Notlage beziehungsweise das Bestehen eines »rechtfertigenden Notstands«. Im Strafgesetzbuch heißt es dazu:

§ 32 (1) Wer eine Tat begeht, die durch Notwehr geboten ist, handelt nicht rechtswidrig. (2) Notwehr ist die Verteidigung, die erforderlich ist, um einen gegenwärtigen rechtswidrigen Angriff von sich oder einem anderen abzuwenden.

§ 34 (1) Wer in einer gegenwärtigen, nicht anders abwendbaren Gefahr für Leben, Leib, Freiheit, Ehre, Eigentum oder ein anderes Rechtsgut eine Tat begeht, um die Gefahr von sich oder einem anderen abzuwenden, handelt nicht rechtswidrig, wenn bei Abwägung der widerstreitenden Interessen, namentlich der betroffenen Rechtsgüter und des Grades der ihnen drohenden Gefahren, das geschützte Interesse das beeinträchtigte wesentlich überwiegt. (2) Dies gilt jedoch nur, soweit die Tat ein angemessenes Mittel ist, die Gefahr abzuwenden.

Streng juristisch gilt dabei das Notwehrrecht nur gegenüber einem angreifenden Menschen und nicht gegenüber einer Regierung, beziehungsweise man kann die Klimakrise nicht dem Verschulden, also Angriff, einzelner Regierungsmitglieder zurechnen. Ebenso wenig kann man sagen, dass die Klimapolitik der Regierung gegen geltende Gesetze verstößt. Natürlich findet sie im Rahmen der geltenden Gesetze statt. Es gibt also keine direkt-rechtfertigende Argumentation, sondern bestenfalls eine indirektübertragene, indem man etwa fragt, ob die Gesetze, die das Handeln der Regierung rechtlich abdecken, noch angemessen beziehungsweise angesichts des Klimanotstands (noch) zu rechtfertigen sind. Und eine weitere Frage in diesem Zusammenhang wäre: Ist die Politik der Regierung rechtswidrig, da sie verfassungswidrig ist?

Genau hier setzen Aktivisten an, um aufzuzeigen, dass sich eine Schere auftut wie einst im Rahmen der Nachrüstungsdebatte: Damals gefährdete eine Regierung durch ihre konkrete Politik den Auftrag, durch Friedenspolitik Schaden vom deutschen Volk fernzuhalten. Heute gefährdet die Regierung durch zögerliches Handeln das Wohl gegenwärtiger und künftiger Generationen trotz des Schutzauftrags in Art. 20a des Grundgesetzes. Zu diesen Themen gibt es inzwischen eine lebhafte Diskussion unter historischen, soziologischen, politikwissenschaftlichen und juristischen Experten. So räumt man ein, dass anders als im Fall der Notwehr gegen einen Angreifer im Fall der Klimakrise eine einzelne Handlung »nicht schon ›für sich genommen eine Rettungschance (eröffnet. Vielmehr) genügt stattdessen, dass die jeweiligen Verhaltensweisen sinnvolle Bestandteile eines Vorgehens bilden, durch das die Notlage am Ende bewältigt werden könnte«« (Bönte, 2021, S. 168). Die seit den Blockaden von Infrastruktur zunehmende Diskussion um die Frage von »Selbstverteidigung« oder »legitimer Notwehr« angesichts der Klimakrise auch in den Medien zeigt jedoch, dass diese Fragestellung in der breiten Öffentlichkeit angekommen ist und kaum mehr in den Hintergrund verdrängt werden dürfte.

## 10.4 Recht auf Widerstand

Schwieriger ist die Rechtfertigung in Bezug auf das Widerstandsrecht in Artikel 20,4 GG. Dort heißt es: »Gegen jeden, der es unternimmt, diese Ordnung zu beseitigen, haben alle Deutschen das Recht zum Widerstand, wenn andere Abhilfe nicht möglich ist.« Der

Artikel dient auf den ersten Blick der »Verteidigung dieser Ordnung«, nicht der »Beseitigung dieser Ordnung«. Auf den zweiten Blick ist aber die Frage zulässig, was eigentlich alles unter »diese Ordnung« fällt.

Es ist weitgehend Konsens unter Juristen, dass sich dieses Recht vor allem auf die Bedrohung des institutionell-demokratischen Gefüges der Bundesrepublik als solchem bezieht. Allerdings gibt es abweichende Positionen. Die Verfassungsrechtlerin Reiter-Zatloukal etwa vertritt unter Verweis auf höchstrichterliche Rechtsprechung aus den Jahren 1951 und 1968 die Auffassung, dass »Schutzobjekte des Widerstandsrechts [...] als völkerrechtliche ius cogens (= unabänderlich feststehendes Völkerrecht, d. V.) auch die allgemeinen Menschenrechte« seien (2012, S. 298f.). Ein weites Feld für Verbesserungsmöglichkeiten, denn umfassende Rechte und umfassender Schutz gelten in erster Linie für deutsche Staatsangehörige, nicht aber für Nichtdeutsche, Flüchtlinge und Menschen ohne Papiere oder gar Menschen im globalen Süden.

Eine Analogie lässt sich in Bezug auf die Gefahr, die sich durch die nukleare Bedrohung im Zug der Nachrüstung ergab, entwickeln. Der Staatsrechtler Erich Küchenhoff meinte seinerzeit, dass »Ziviler Ungehorsam zur Abwehr der Vernichtungsdrohung von Friedensstaatlichkeit, Lebensgarantie und sonstiger Verfassungssubstanz als aktiver Verfassungsschutz von Rechts wegen frei von Strafe und sonstigen Sanktionen« ist (zit. in Jeschke/Malanowski, 1983).

Ähnlich ist der auf die Verteidigung von Aktivisten spezialisierte Anwalt Mathis Bönte der Meinung, dass angesichts des Klimanotfalls dies quasi ein Notfall in Permanenz ist und deshalb das Notstandsrecht eine Minderheit berechtigt, heraufziehende Gefahr durch eigenmächtige Klimaschutzmaßnahmen auch gegen den Willen der demokratisch legitimierten Staatsorgane abzuwenden (Bönte, 2021, S. 172). Darüber hinaus ist die Frage zulässig, ob es, falls »diese Ordnung« insgesamt funktioniert, dennoch dann, wenn andere Mittel ausgeschöpft sind, eine Art »kleines Widerstandsrecht« gegen Defizite in Teilbereichen gibt – etwa, wenn die demokratische Willens- und Politikbildung hinsichtlich angemessener Maßnahmen gegen den Klimawandel nicht ausreicht beziehungsweise nicht stattfindet. Das Bundesverfassungsgericht unterschied in seinem KPD-Urteil von 1956 durchaus zwischen einem Widerstandsrecht gegen ein evidentes Unrechtsregime und einem Widerstandsrecht gegen einzelne, tatsächliche oder vermeintliche Rechtswidrigkeiten:

> Wenn es [...] ein dem Grundgesetz immanentes Widerstandsrecht gegen einzelne Rechtswidrigkeiten gibt, so sind an seine Ausübung jedenfalls folgende Anforderungen zu stellen:

> • Das Widerstandsrecht kann nur im konservierenden Sinne benutzt werden, das heißt als Notrecht zur Bewahrung oder Wiederherstellung der Rechtsordnung.

• Das mit dem Widerstand bekämpfte Unrecht muß offenkundig sein.

• Alle von der Rechtsordnung zur Verfügung gestellten Rechtsbehelfe müssen so wenig Aussicht auf wirksame Abhilfe bieten, daß die Ausübung des Widerstandes das letzte verbleibende Mittel zur Erhaltung oder Wiederherstellung des Rechts ist. (Bundesverfassungsgericht, 1956)

Aber: Das Gericht ließ nach Ansicht des Verfassungsrechtlers Dreier offen, ob sich Widerstandsrecht mit dem Grundgesetz tatsächlich begründen lässt. Er selbst sieht für diese Perspektive durchaus Argumentationslinien, etwa analog Art. 147 Abs. 1 der Hessischen Verfassung, die besagt: »Widerstand gegen verfassungswidrig ausgeübte öffentliche Gewalt ist jedermanns Recht und Pflicht« (Dreier, 1983, S. 56).

## 10.5 Freiheit, Verantwortung und der Bruch des Generationenvertrags

Ein zentraler Eckpfeiler der neoliberalen Ordnung ist ein überzogen individualistisch-egozentrisches Freiheitsverständnis, welches »meine Freiheit«, »mein Eigentum«, »mein Glück« über alles stellt. Dabei wissen selbst die freiheitsverliebten Amerikaner, dass die »Freiheit meiner Faust endet, wo die Nase des anderen beginnt«. Deshalb geht Freiheit stets mit Verantwortung einher, um Eigenwohl und Gemeinwohl in Einklang bringen zu können. Dies gilt aber nicht nur für das Miteinander aller, die jetzt leben. Es gilt auch – und das ist eines der revolutionären Merkmale des Karlsruher »Klimaurteils« – im Hinblick auf kommende Generationen. Damit gewinnt Artikel 20a an Gewicht, in dem es heißt:

> Der Staat schützt auch in Verantwortung für die künftigen Generationen die natürlichen Lebensgrundlagen und die Tiere im Rahmen der verfassungsmäßigen Ordnung durch die Gesetzgebung und nach Maßgabe von Gesetz und Recht durch die vollziehende Gewalt und die Rechtsprechung.

In Leitsatz 1 des »Klimaurteils« legt das Bundesverfassungsgericht dar, dass der genannte Artikel eine »objektivrechtliche Schutzverpflichtung auch in Bezug auf künftige Generationen« enthält, gar eine »zugunsten künftiger Generationen aufgegebene besondere Sorgfaltspflicht«. Dies hat Auswirkungen auf den Generationenvertrag, etwa die Lastenverteilung und Freiheitseinschränkungen zwischen den Generationen, d. h. dass auch die Heutigen bereit sein müssen, ihre Freiheiten einzuschränken beziehungsweise einschränken zu lassen, bevor es nur noch die Jüngeren trifft. Und in Leitsatz 2 heißt es, dass Art. 20a »eine justiziable Rechtsnorm (ist), die den politischen Prozess zugunsten ökologischer Belange auch mit Blick auf die künftigen Generationen binden soll«.

Bislang ist nicht erkennbar, dass Politik willens und in der Lage ist, verbindlich und vorsorglich über Vierjahres-Wiederwahlzyklen hinauszudenken und entsprechend den Vorgaben des Bundesverfassungsgerichts zu handeln. Ebenso ist aufgrund der demografischen Entwicklung anzunehmen, dass Regierungen sich auch künftig unverhältnismäßig an den tatsächlichen oder angenommenen Interessen der Über-Sechzigjährigen orientieren. Zwar gibt es generationenübergreifende Kooperationen in dieser Angelegenheit, etwa bei den Fridays, Parents, Omas, Scientists For Future. Diese Kooperationen sind jedoch noch nicht stark genug, um sich gegen die Lobbys des »Weiter-So und Mehr-Davon« durchsetzen zu können.

## 10.6 Sicherheit, Lebensqualität und Mitspracherecht — für alle

Eher konservativ denkende »Sicherheitspolitiker« verstehen unter Anpassungsmaßnahmen an den Klimawandel häufig eine Hochrüstung von Armeen und Grenzbefestigungen zur Abwehr der zu erwartenden Flüchtlingsströme. Dabei schauen die Armeen der Welt, die Bundeswehr inbegriffen, selbst mit Sorge auf den Klimanotstand und warnen davor, dessen destabilisierendes Potenzial zu unterschätzen. Öffentlich bekannt sind Publikationen amerikanischer Geheimdienste, weniger bekannt das »Weißbuch der Bundeswehr«. Dort heißt es etwa:

> Die Frage des Zugangs zu Wasser und anderen limi-
> tierten Lebensgrundlagen wird für immer mehr Staaten
> und Regionen zur existenziellen Gefährdung und ge-
> winnt deshalb an sicherheitspolitischer Relevanz – mit-
> telbar auch für Deutschland [...] In den kommenden
> Jahren gilt es, Klimafragen noch systematischer in
> das deutsche Engagement zur Krisenprävention und
> Stabilisierung zu integrieren und den Resilienzaufbau
> potenziell betroffener Regionen zu fördern. (Bundes-
> regierung, 2016, S. 42)

Dem kann man nur zustimmen. Wobei auffällt, dass
es nirgends Statistiken dazu gibt, welche enormen
Energiefresser und Umweltverschmutzer die Armeen
dieser Welt sind. Das wird unter Verschluss gehalten,
aber Schätzungen von Wissenschaftlern der Royal
Geographical Society kommen zu dem Schluss, dass
allein das US-Militär so viel $CO_2$ ausstößt, dass es grö-
ßenordnungsmäßig dem des 45. größten Staates der
Welt entspricht. Andere, nicht fossile Schäden sind
aufgrund der Geheimhaltung kaum quantifizierbar
(Belcher, Bigger, & al., 2019). Allein deshalb wäre es
nur von Vorteil, Militärmaschinerien durch Investitionen in Prävention, Stabilisierung und Resilienz
überflüssig zu machen.

Abgesehen davon: Mit der Einschätzung der Gefähr-
lichkeit der Lage und ihren möglichen Auswirkungen
auf Destabilisierung und Flüchtlingsströme steht die
Bundeswehr Seite an Seite mit Papst Franziskus und
der Klimagerechtigkeitsbewegung, die kontinuierlich

Rechte für MAPAs (Most Affected People and Areas) und BiPOCs (Black, Indigenous and People of Color) fordern, denn: arme Länder und deren Bürger leiden an den Folgen dessen, was die reichen Länder ihnen nach wie vor überstülpen, ohne dass ihre gerechtfertigten Ansprüche angemessen berücksichtigt werden oder sie gar ein Mitsprache-/Mitentscheidungsrecht haben. Kein Wunder, dass es zu Abwanderungen kommt.

Das ist auch der Grund, weshalb kirchliche und nicht-kirchliche Gerechtigkeits- und Umweltaktivisten aus dem globalen Süden begeistert sind, wenn es bei uns zu Aktionen Zivilen Widerstands kommt. Insbesondere, wenn Disruptionen inszeniert werden, die im globalen Süden bereits zum Alltag gehören. Charles B. Chilufya, Direktor für Soziales und Ökologie der afrikanischen Jesuitenkonferenz, schrieb etwa zu Beginn der Autobahnblockaden durch die »Letzte Generation« im Januar: Die Unannehmlichkeit,

> sich wegen solch gerechtfertigter Blockaden zu verspäten, verblasst im Vergleich zu allem, was durch den Klimawandel verursacht wird [...] Die Klimakrise wird auf diesem Kontinent [Afrika, d. Verf.] bereits gemessen im Verlust von Leben, dem Verlassen von Heimat und der Unterernährung von Familien, alles wegen eines (Produktions- und) Konsumstils, zu dem wir in Afrika weder beigetragen haben, noch wovon wir profitiert haben [...] Diese jungen Leute blockieren die Straßen an unserer Stelle. Wir hoffen, dass die deutsche Gesellschaft und Politik sich ihnen anschließen.

## 10.7 Schaden an Personen versus Schaden an Dingen

Ein weiteres Argument setzt an der Einsicht an, dass es niedriger- und höherwertige Güter und Werte gibt, die von ihrem Wesen her nicht vergleichbar sind, weshalb man sie auch nicht als gleichwertig nebeneinanderstellen darf. Dies gilt etwa für Menschenleben und Sachschäden und knüpft an die Erkenntnis an, dass »diese Wirtschaft um ihres fortgesetzten Profits willen weiterhin tötet«, während schon jetzt deshalb Millionen Menschen hungern, ertrinken, ihre Häuser und existenzielle Lebensgrundlagen verlieren.

Dem Verlust an Leben stehen Aktionen gegenüber, die die bekannten Ursachen und Verursacher dieses Tötens angehen, also Blockaden oder Sabotage fossiler Infrastruktur oder von Fahrzeugen mit hohem Spritverbrauch. Denn stimmt es, dass weiteres Verbrennen fossiler Brennstoffe weiteren Tod nach sich zieht, dann stimmt im Umkehrschluss, dass jegliches Verhindern weiterer Nutzung fossiler Energieträger unmittelbar zur Rettung von Leben beiträgt und Zeit für den Umbau gewinnt. Dabei können sich Aktionen zu Größenordnungen addieren: Eine Studie belegt, dass über einen Zeitraum von zehn Jahren der Widerstand gegen die Fertigstellung verschiedener Pipelines in den USA einen jährlichen Ausstoß von ca. 800 Millionen Tonnen $CO_2$ verhinderte.

Eine Frage für Ethiker wäre in diesem Zusammenhang, inwieweit das Gewalt- und Tötungsverbot gegen Menschen auf alle »fühlenden Wesen« oder gar das Leben als solches ausgeweitet werden muss. Denn dies gewinnt qualitativ und quantitativ an Bedeutung aufgrund des Arten-Massensterbens: Allein die außer Kontrolle geratenen Buschfeuer in Australien kosteten 2019/2020 über 500 Millionen Tiere das Leben; und pro Tag verschwinden ca. 150 Arten unwiderruflich und mit ihnen ihr Beitrag zum Ökosystem und Genpool, der für den Menschen unter anderem für die Entwicklung wirksamer Medikamente unersetzlich ist.

Martin Luther King verteidigte in diesem Zusammenhang Sachbeschädigung wie folgt: »Ein Leben ist heilig. Eigentum ist dazu bestimmt, Leben zu dienen, und egal mit wie viel Rechten und Respekt wir Eigentum umgeben, so hat es keine Persönlichkeit. Warum gehen Aufständische so rabiat mit Eigentum um? Weil Eigentum jene weißen Machtstrukturen repräsentiert, die sie angreifen und zu zerstören suchen« (zit. in Malm, 2021, S. 100–103, eigene Übersetzung).

Dass das Begehen geringerer Straftaten zur Aufdeckung oder Vermeidung schwerwiegender Straftaten zulässig sein kann, ergab die höchstrichterliche Rechtsprechung im Fall von Whistleblowern, deren Diebstahl von Daten in Firmeneigentum den Milliardenschaden belegen konnte, der der Allgemeinheit durch Geldwäsche und Steuerhinterziehung entstanden ist.

## 10.8 Geringer antizipierter Schaden versus hoher vorhersehbarer Schaden

Ähnlich läuft die Argumentation, wenn man auf die durch Zivilen Ungehorsam und Widerstand entstehenden vergleichsweise geringen Kosten verweist in Relation zu jenen Kosten, die weitere Verschleppung von Handlung nach sich zieht. Hier haben Aktivisten sogar Versicherungskonzerne auf ihrer Seite, die seit vielen Jahren argumentieren, dass Krisenprävention stets billiger ist als die Versicherung und Begleichung von Krisenschäden – siehe die Folgen der »deutschen Sommerflut 2021«, deren Schadensregulierung die Versicherer mit 7 Milliarden Euro veranschlagen. Hinzu kommen (vorerst) 30 Milliarden Euro aus Steuergeldern für die Reparatur der Infrastruktur. Was wäre mit diesem Geld an präventiven Maßnahmen möglich gewesen!

Ähnlich setzt folgende Argumentationslinie am Geldbeutel des Haushalts oder am Portfolio des Investors an, denn letztlich beschleunigt Wandel nichts so sehr wie absehbare Kosten und Verluste. Entsprechendes bringt der Aktivistenslogan »Wir sind euer Investitionsrisiko!« auf den Punkt: Stört man fossile Infrastruktur oft genug, wird man irgendwann überlegen müssen, ob sich Reparatur oder Investition noch »rentiert«. In diese Richtung geht auch der Verweis darauf, dass Disruption durch Blockaden nur symbolisch vorwegnimmt, was durch den Klimawandel und seine

Zerstörungen die neue Normalität wird, wenn etwa durch Stürme entwurzelte Bäume Infrastrukturen blockieren werden.

Umstritten unter Klimaaktivisten ist die Frage, ob und inwieweit Privatpersonen indirekt Ziele von Aktionen werden sollen. Dies ist relativ einfach lösbar bei Autobahnblockaden: Ja, Blockaden treffen unterschiedslos jene, die sich für Klimaschutz einsetzen, und jene, die dies ablehnen. Aber genau dies ist auch ein Merkmal von Klimakatastrophen, die ebenfalls alle ohne Unterscheidung der Person treffen.

Noch schwieriger ist die Frage, ob privates Eigentum zerstörungswürdig ist. Befürworter verweisen darauf, dass es auch hier um Größenordnungen geht: Private Yachten, Flugzeuge oder SUVs sind gemeinwohlschädliche Dinge. Während die Umweltschädlichkeit und Unverantwortlichkeit des Luxuskonsums der obersten zehn Prozent der globalen Gesellschaft gut erforscht sind (siehe 3), gibt es hinsichtlich des zunehmend populären Besitzes von SUVs oder Pick-Ups einen blinden Fleck. Addiert man aber den Schadstoffausstoß von SUVs, gleicht dieser laut der Internationalen Energieagentur dem der weltweit siebtgrößten Nation. Mit jährlichen Emissionen von rund 0,7 Gigatonnen liegen sie damit vor der globalen Schwer-, Aluminium- und Zementindustrie. Das ist weder vertretbar, rechtfertigbar noch hinnehmbar, so die Aktivisten, weil es Alternativen gibt. Deshalb mehren sich in Deutschland SUV-Störungen vor allem in Städten wie Berlin, München oder dem Ruhrgebiet.

Sowohl bei der Zerstörung von Konzern- wie auch von Privateigentum ist argumentativ wichtig zu berücksichtigen, dass sie nicht auf Personen, sondern Sachen zielt. Es geht nicht um den Investor, sondern die Investition, nicht um den Fahrer, sondern um sein Auto – weshalb Aktivisten bei der Sabotage von SUVs zumeist entsprechende Entschuldigungs- und Erklärungsschreiben an die Windschutzscheibe heften. Wenn Eigentümer dennoch klagen, dass hier Eigentum beschädigt wird, hält man ihnen entgegen, dass ihnen der Wertekompass abhanden gekommen sei: Menschenleben seien immer wertvoller als Autos, fossile Industrieinfrastruktur und Portfolios, und zwar egal, wo diese durch unser (Mit-)Tun oder Unterlassen sterben müssen.

Solches Denken steht hinter der Aussage des Jesuiten Daniel Berrigan, der anlässlich der Verbrennung von Einberufungsakten sagte: »Bestimmte Eigentumsformen haben kein Recht zu existieren.« Ähnliches gilt, wenn »Ende-Gelände«-Aktivisten aus der Störung und Sabotage von »tötender Infrastruktur« einen Akt der (Selbst-)Verteidigung machen: »Es geht um Notwehr. Notwehr ist die straffreie Verteidigung gegen einen Angriff, bei dem einem Angreifer Schaden zugefügt wird. Wenn jemand ein Gaskraftwerk sabotiert oder Autos zerstört, ist das Notwehr« (Müller, 2021).

## 10.9 Verpflichtung zu stellvertretendem Handeln

Die Klimagerechtigkeitsbewegung protestiert sodann gegen die von Charles Chilufya in 10.6 angesprochene Tatsache, dass Menschen in fernen Ländern seit der Kolonialisierung Opfer der Klima(zerstörungs)-politik reicher Länder werden. Es mag ja sein, so das Argument der Aktivisten, dass die Schutzpflicht der Bundesregierung indirekt ist, wie das Bundesverfassungsgericht entschied (siehe 5.7). Die Auswirkungen deutschen Tuns und Unterlassens hingegen sind durchaus real. Auf diesem Hintergrund ist es umso erfreulicher, dass das Oberlandesgericht Hamm die Klage eines peruanischen Bauern zugelassen hat, der gegen den RWE-Konzern vorgeht, weil er den Verlust seiner Heimat befürchtet.

Die unzulänglichen Ergebnisse der Weltklimakonferenz in Glasgow und der Graben zwischen Deklaration und Konkretionen im Koalitionsvertrag bestärken Klimaaktivisten in ihrer Absicht zu stellvertretendem Handeln sowohl für die Armen als auch die Jugend dieser Welt. Sie tun dies, indem sie beispielsweise in ihre Aktionen Menschen aus betroffenen Ländern und marginalisierten Gruppen einbinden, sie zu Wort kommen lassen, oder Aktionen aus Anlass von Kriegen, Naturkatastrophen oder anderen Ereignissen in fernen Ländern durchführen, um einen erkennbaren Zusammenhang herzustellen.

Ein stellvertretendes Handeln in reichen Staaten rechtfertigt sich des Weiteren, weil diese historisch den größten Anteil an der Klimakrise haben. Klimagerechtigkeit bedenkt entsprechend die Schäden und Schulden, die reiche Staaten und Haushalte von Beginn der Industrialisierung und Kolonisierung an in armen Ländern verursacht haben. Dies wird unterstrichen durch zwei wichtige, rechtlich verankerte Prinzipien: Das der Leistungsfähigkeit sowie das in Rio 1992 formulierte Prinzip der gemeinsamen, aber unterschiedlichen Verantwortung.

Auch Gründe des »aufgeklärten Eigennutzes« sollten nicht vergessen werden: Die reich(st)en Staaten verfügen nun einmal über das Geld und die Technologie, um in ihren Bereichen eine sozial-ökologische Transformation voranzutreiben, und könnten Technologien, die dabei hilfreich sind, armen Ländern (kostenlos) zur Verfügung stellen. Denn: Jedes Gramm Treibhausgas, das in Sambia eingespart wird, nützt auch Niederbayern – und umgekehrt. Aufgeklärter Eigennutz befürwortet sogar, dass in Zeiten wachsender Krisenanfälligkeit in jenen Bereichen, die dem Überleben dienen, intellektuelle Eigentumsrechte und Patentschutz dem Gemeinwohl aller untergeordnet werden müssen – etwa bei der Energie-, Lebensmittel- und Medikamentenproduktion.

Eine letzte Verpflichtung zu stellvertretendem Handeln ergibt sich für Aktivisten aus der Tatsache, dass wir in rechtsstaatlichen Demokratien leben. Hier kann man mit Zivilem Ungehorsam und Widerstand einen Umschwung anstoßen, weil Gesetzesbruch überschaubar riskant ist: Er mag zu Verurteilung und Inhaftierung führen, nicht aber zu Folter und Tötung. Aufgrund der hier bestehenden Demonstrations-, Meinungs- und Pressefreiheit hat man zudem Zugriff auf Instrumente, die es braucht, um Wissen zu verbreiten, Bewusstsein zu schaffen und den Handlungsdruck zu erhöhen.

## 10.10 Vom Instinkt- zum Vernunfthandeln

Warum ist der Mensch offensichtlich unfähig, die von Wissenschaftlern eindeutig vorhergesagten und auf uns zukommenden Katastrophen ernst zu nehmen? Das hängt mit der Evolution zusammen: Der älteste Teil des menschlichen Gehirns ist das sogenannte »Echsenhirn« (*lizard brain*). Es spielt für das Überleben jedes Lebewesens eine zentrale Rolle, denn in Gefahrenmomenten entscheidet es über den »*Fight-or-Flight*-Reflex«, also ob es sich lohnt, der Bedrohung, der man gegenübersteht, zu widerstehen beziehungsweise gegen sie zu kämpfen oder lieber auszuweichen. Genau dieser Reflex greift aber nicht angesichts der Klimakrise, die uns erst in Ansätzen gegenübersteht (wie zum Beispiel viele Menschen im Ahrtal erfahren haben), aber noch nicht in Gänze, wenngleich das Kommende mit wissenschaftlicher Eindeutigkeit vorhergesagt wird. Wissenschaftliche

Vorhersagen sind jedoch etwas anderes als »handgreifliche« Bedrohungen. Deshalb ist diese Art der Bedrohung eher eine Herausforderung an unser Großhirn – eine evolutionäre Errungenschaft, auf die die Menschheit ansonsten sehr stolz ist. Ein Blick in die Gegenwart könnte jedoch nahelegen, dass die Menschheit nichts dazulernt. In den Medien dominieren Themen wie Wirtschaftswachstum, Flugreisen, Jobs, Ukrainekrieg, Staatsverschuldung und natürlich das Corona-Virus, nicht aber deren systemische Ursachen. Dabei hätte es die Pandemie nicht gegeben ohne Klimawandel, die menschlich verursachte Übernutzung und Verschmutzung natürlicher Ressourcen und unser globalisierungsbedingtes Mobilitätsverhalten. Ähnlich kann argumentiert werden, dass es Putins Krieg nicht geben würde, hätte man frühzeitig fossile Abhängigkeiten durch den Ausbau regenerativer Energien verringert.

Wenn die Öffentlichkeit, wie im Augenblick der Fall, nur eine Krise behandelt, alle anderen beziehungsweise deren Ursachen aber vergisst, können öffentliche Irritation und die Unterbrechung gewohnter Routinen dazu beitragen, dass man sich zwingend und angemessen mit diesen Ursachen befasst. Wie Greta Thunberg während der Klimakonferenz in Glasgow passend sagte, als sie auf die Straßenblockaden der Bewegung »Insulate Britain« angesprochen wurde: Manchmal müsse man Menschen verärgern. Zumindest für Großbritannien kann inzwischen belegt werden, dass kontroverse Aktionen Zivilen Ungehorsams und Widerstands stets zu einem starken Ansteigen öffentlicher Debatten führen.

## 10.11 Arbeit an Gegenkonzepten und -institutionen

Wichtig für alle Aktivisten ist, aus Erfahrungen früherer sozialer Widerstandsbewegungen zu lernen, und hierzu gibt es inzwischen erfreulich viel Literatur. Dort herrscht weitgehend Übereinstimmung, dass besonders erfolgreiche Kampagnen Zivilen Ungehorsams oder Widerstands stets zwei Aktionsstränge hatten: einen ersten, um Bewusstsein zu schaffen, Dinge zu verlangsamen, aufzuhalten, umzukehren. Einen zweiten, um alternative Ideen, Praktiken und Institutionen zu entwickeln, die Kritisiertes ersetzen können. So entstanden Gewerkschaften beispielsweise aus störenden Massenprotesten gegen Ausbeutung, und sie konsolidierten und institutionalisierten den Erfolg des vorausgegangenen Protests und Streiks. Reine Protestbewegungen wie zum Beispiel der Arabische Frühling scheiterten daran, dass es ihnen nicht gelang, bessere Alternativen zu entwickeln und anstelle des Abgelehnten zu setzen.

Der erste Strang wird in der Literatur unter dem Stichwort »Massenmobilisierung« diskutiert, die auf Irritation und Disruption, also Unterbrechung des

»Weiter-So« setzt. Der zweite Strang fokussiert auf »strukturierte Bewegungen«, die auf transformativen Wandel setzen, also über klassische Kampagnen, Demonstrationen und Dialog Reform und Strukturwandel voranbringen wollen. In den vergangenen Jahren dominierte Letzteres, jetzt, da dies in seiner Wirksamkeit offenkundig nachlässt und keinen ausreichenden Wandel bewirkte, ist die Zeit reif für Ersteres. Aber: Wir brauchen weiterhin beides, denn Massenbewegungen sorgen für Aufmerksamkeit bezüglich dringend zu setzender Agenden, Letztere verleihen den Ergebnissen der Mobilisierung einen Ort, ein »Gefäß« und damit Dauer.

Konkret: Wir brauchen irritierend-disruptive Mobilisierung gegen das neoliberal-fossile, wachstumsfixierte System, denn dieses hat insgesamt mehr als alle anderen kritisierten einzelnen Regime der letzten Jahrzehnte Beharrungsvermögen und Ressourcen, um jede klassische Protestbewegung einfach auszusitzen. Zugleich gilt: Mitglieder der auch jetzt umworbenen »Säulen der Unterstützung« (siehe oben 2) werden durch solch konfrontative Aktion in eine Verteidigungsposition gedrängt und schotten sich ab. Dadurch wird es für veränderungsbemühte Mitglieder innerhalb dieser Institutionen (die es ja stets gibt!) umso schwieriger, ihr Potenzial dort um- und einzusetzen, und es kommt zu Verzögerungen, die bei guter strategischer Arbeitsteilung vermeidbar wären. Anders gesagt: Symbolische Akte Zivilen Widerstands sind ebenso wichtig wie disruptiver massenmobilisierender Aktivismus, also: »What do we want? Climate Justice! When do we want it? Now!« Aber: Es ist immer leicht, gegen jemand oder etwas zu sein oder für abstrakte Forderungen mit breiter Zustimmung. Bleibt es dabei, wird kein konkreter Wandel vorangetrieben. Erfahrungen aus der Vergangenheit belegen, dass nach einem gelungenen und mitreißenden »Wirbelwind« dann alle nach Hause gehen und sich doch nichts verändert. Auch disruptiver Aktivismus braucht eine umfassende Sicht der Dinge und sollte deshalb jene nicht ignorieren oder verachten, die ihrerseits versuchen, an konkreten Schritten und Vorschlägen zu arbeiten, um Dinge zu verändern: »Maulwürfe« innerhalb der »Säulen der Unterstützung«, alternative Wirtschaftsformen, zivilgesellschaftliche Akteure und engagierte Tüftler und Praktiker jeder Altersgruppe.

Gegen das neoliberale System als Ganzes wird kein Akteur allein Veränderung erreichen können. Strahlkraft und Attraktivität des Neoliberalismus wird dann, und nur dann dauerhaft überwunden werden und verblassen, wenn es gelingt, bessere Alternativen zu entwickeln und zu etablieren, die ihre Funktions- und Konkurrenzfähigkeit erweisen. Deshalb ist wichtig, dass Vertreter aller Gruppen, die sich der »Wirtschaft, die tötet«, entgegenstellen, den Kontakt zu anderen Ansätzen aktiv suchen und in ständigem Dialog stehen.

## 10.12 Konkret gelebte Alternativen

Ungeachtet der verbreiteten Auffassung, dass die Klimagerechtigkeitsbewegung aus (jungen) Menschen besteht, die heute demonstrieren und morgen zur Party nach Mallorca fliegen, ist den meisten Klimaaktivisten sehr wichtig, dass Alltag und die Art ihrer Beziehungen sich mit ihren Überzeugungen decken. Das umfasst Mobilitäts- und Konsumverhalten ebenso wie praktizierte Formen gewaltfreier und inklusiver Kommunikation, Basisdemokratie und das Einüben von Respekt im Umgang mit Marginalisierten und Minderheiten wie etwa den FLINTAs (Frauen, Lesben, Inter-, Nichtbinäre-, Trans- und Agender Menschen). Damit setzen Aktivisten, so mühsam es teilweise ist, ein konkret gelebtes Zeichen gegen die eingangs (3) erwähnte kulturelle Gewalt, die patriarchale, sexistische, rassistische etc. Strukturen immer noch ausüben. Sie macht ernst mit einer Wertschätzung der gleichen Würde und gleichen Rechte aller und tut deshalb vieles, um hier bestehende Benachteiligungen und Defizite zu korrigieren – in Deutschland und weltweit.

Die Klimagerechtigkeitsbewegung praktizierte dies schon lange, bevor die Corona-Pandemie der Menschheit eine (eigentlich) unübersehbare Lektion erteilte, dass nämlich tatsächlich alle Menschen eine Schicksalsgemeinschaft bilden und wir alle in einem Boot sitzen. Die Pandemie wird nur besiegt sein, wenn sie überall besiegt ist, also alle Menschen tatsächlich und in gleicher Weise von den Segnungen der Impfung profitieren, wie alle Menschen tatsächlich und in gleicher Weise unter dem Virus leiden. Impfimperialismus, bei dem die Reichen versuchen, sich ihre Vorteile gegenüber den Armen zu sichern, ist keine realistische Option, da es die Tür für neue Varianten offenhält, die die Pandemie verlängern.

Dasselbe gilt bei Maßnahmen gegen den Klimawandel, Artensterben und alles, was damit zusammenhängt. In dem Maß, in dem wir anderen Gutes tun, tun wir auch uns Gutes. Oder, wie Jesus sagt: »Alles, was ihr wollt, dass euch die Menschen tun, das tut auch ihnen!« (Mt 7,12). Wenn wir nur unsere Besitzstände zu sichern suchen, werden wir alles riskieren und wahrscheinlich verlieren.

## 10.13 Moralische Legitimation und Revolution

Vorstehendes lenkt den Blick erneut auf die moralischen Leitwerte, die unser persönliches, gesellschaftliches und wirtschaftliches Verhalten und Handeln prägen. Zunächst können sie Autobahnblockaden legitimieren: Diese sind nervig, wollen aber vor heraufziehender Lebensgefahr warnen – und das ist eine moralisch gebotene Tat. Das Wissen um solche Werte erklärt auch die heftige Ablehnung solcher Blockaden, weil diese »uns vor Augen führen, dass wir moralisch schuldig werden durch Unterlassen [...], weil wir Leid und Verlust an Leben nicht verhindern, obwohl wir es könnten« (Zoll, 2022). Zugleich ist eine »moralische Revolution« die entscheidende Stellschraube für Veränderung. Will man tatsächlich eine Wirtschaft, die tötet, durch eine Wirtschaft ersetzen, die sozial gerecht ist, ökologisch die planetaren Grenzen respektiert und so dem Leben dient, dann erfordert eine solche Transformation zuerst und zunächst eine Überprüfung der Leitwerte.

Worum es geht, verdeutlichen Reaktionen auf den massenhaften Gesetzesbruch von Aktivisten durch Containern. Laut Gesetz ein Diebstahl, weil auch Lebensmittel im Mülleimer dem umfassenden Schutz von Eigentum nach Artikel 14,1 Grundgesetz unterliegen. Dabei hat die Justiz Mühe, den »Eigentumscharakter« von Müll zu erklären, weshalb das Bayerische Oberste Landesgericht das Konzept des »herrenlosen Eigentums« entwickelte: Die Lebensmittel sind nicht mehr Eigentum des Supermarkts und noch nicht Eigentum des Entsorgungsunternehmens. Mit gesundem Menschenverstand betrachtet, scheint das eine an den Haaren herbeigezogene Erklärung, denn wenn man etwas wegwirft, will man es offensichtlich nicht mehr. Selbst das Verfassungsgericht deutet höchstinstanzlich Zweifel an, ob »der Gesetzgeber hier die zweckmäßigste, vernünftigste oder gerechteste Lösung gefunden hat« (Bundesverfassungsgericht, 2020) und gibt gleich einen Tipp, der dem weit verbreiteten populären und moralischen Empfinden sehr nahekommt: Der Gesetzgeber könne doch im Fall der Lebensmittel die Sozialpflichtigkeit von Eigentum (Art. 14 Abs. 2 GG) stärken und andere Länder nachahmen, in denen dies bereits geklärt ist. Als in Tschechien Neoliberale ein Lebensmittelrettungsgesetz vor Gericht brachten mit der Begründung, es verletze Eigentumsrechte, wurde die Klage vom Obersten Gericht mit genau diesem Verweis auf die Sozialpflichtigkeit zurückgewiesen. Nun immerhin arbeitet auch der deutsche Gesetzgeber an dieser »Wertekorrektur.« Aber warum gibt es Zeiten, in denen so etwas möglich ist, während diese Option vorher jahrzehntelang bestand, aber nicht genutzt wurde? Manchmal liegt es einfach daran, ob die Zeit für etwas reif ist.

Dies ist nur ein Beispiel zur Veranschaulichung, warum hinter den vielen Krisen, die uns heute belasten, letztlich eine moralische, normative Krise jener wirtschaftlich-gesellschaftlichen Leitwerte liegt, die das neoliberale System prägen, etwa Individualismus, Eigentumsrechte, Materialismus, Wachstum, Wettbewerb, Trickle-Down oder Kapitaldominanz. Deshalb ist es

moralisch geboten, gegen ein System zu rebellieren, das Ausrottung und Massensterben von Arten und Kulturen vorantreibt. Die Verweigerung von Zusammenarbeit ist ein moralischer, ein Überlebensimperativ. Die Verweigerung von Zusammenarbeit beginnt mit der

Verweigerung von Zustimmung zu einem System, das auf Ökozid und Genozid beruht, sich aber als »Zivilisation« bezeichnet. Es gibt bessere Wege zu leben, zu produzieren und zu konsumieren. (Extinction Rebellion, 2019, S. 7, eigene Übersetzung)

Ziviler Ungehorsam und Widerstand sind gewissermaßen eine Vollbremsung, die Zerstörung stoppen und Zeit für Besinnung und Bewusstseinsbildung sowie Umsteuern und Handeln schaffen will. Nichts an der heutigen Weise, Wirtschaft und Gesellschaft zu organisieren, ist in Stein gemeißelt. Alles kann auf den Prüfstand gestellt, das Gute behalten und das Schlechte verworfen werden. Es gibt Alternativen zum Neoliberalismus, wie ich an anderer Stelle ausgeführt habe (Alt, 2021).

Die Bedeutung einer Leitwertverschiebung für die anstehende Transformation wird auch von Nicht-Ethikern gesehen. Klimawissenschaftler fordern etwa von Religionsführern, die weitere Förderung und den weiteren Verbrauch fossiler Energien als unmoralisch zu ächten, um absehbaren und vermeidbaren Schäden an Leben und Gütern vorzubeugen. Oder: Historiker, Systemtheoretiker und Anthropologen erinnern daran, dass die Codices der Weltreligionen ein wesentlicher Beitrag dafür waren, dass der Menschheit der geordnete Übergang vom Nomadentum zur Sesshaftigkeit gelang – eine Transformation vergleichbaren Ausmaßes wie die heutige.

# 11 Was sagt die Katholische Kirche dazu?

Angesichts der Bedeutung von Werten und Normen für die Transformation stellt sich die Frage: Wo steht die Katholische Kirche heute und was ist ihre Rolle »als Säule der Unterstützung« (siehe 2)?

## 11.1 Katholische Kirche und Klimagerechtigkeitsbewegung

Natürlich könnte man hier wieder die Rolle von Papst Franziskus anführen, aber dazu gibt es genügend Ausführungen an anderer Stelle. Auch inhaltliche Stellungnahmen der katholischen und evangelischen Kirchenleitungen in Deutschland finden Lob. Etwa von Rezo:

> Mit jeder Stunde, die ich auf kirchlichen Webseiten verbracht habe, schrumpfte mein Vorwurf, man wäre da irgendwie nicht deutlich genug [...] Das ist doch merkwürdig: Da positionieren sich zwei riesige moralische Institutionen [...] so klar und dringlich zu einem der politisch und gesellschaftlich relevantesten Themen – und wir merken es alle gar nicht.

Dabei ist Reden, wie in der Politik, das eine, Handeln das andere. Und so appelliert Rezo:

> Legt doch mal los, liebe Christen! Und zwar alle, die sich so nennen wollen, nicht nur die paar politischen Protestanten beim Kirchentag. Handelt klar, werdet laut, lasst eure Kirchenoberen nicht allein mit ihren rechteckigen Statements! [...] Das bleibt natürlich unangenehm, aber in Zeiten, in denen die Menschheit kurz davor ist, die Schöpfung in großen Teilen zu vernichten und große Teile der Welt unbewohnbar zu machen, ist es vielleicht an der Zeit, das christlich-kirchliche Game etwas upzusteppen und, auf christliche Art, sichtbarer zu kämpfen. Ich bin zwar kein Apostel, aber dennoch bin ich mir ziemlich sicher, dass Jesus es gutheißen würde, wenn Christen ihre Kritik an der Politik und den Feinden der Schöpfung lauter äußern, auf mehr Demos gehen und vehement an die christlichen Standpunkte erinnern, bis wir es alle mitbekommen haben und die Politik, besonders die vermeintlich christliche, danach handelt. (Rezo, 2019)

Dieser Appell gilt allen Christen, und von denen, scheint mir, gibt es inzwischen außerhalb der Kirchen genauso viele wie innerhalb der Kirchen – auch und gerade wenn man sieht, wie viele hochengagierte und -motivierte Menschen die Kirche in den letzten Jahren wegen deren Umgang mit sexuellem Missbrauch und Machtmissbrauch, Frauenfragen und sexueller Selbstbestimmung den Rücken gekehrt haben. Aber ob Mitglied oder nicht: Ziviler Ungehorsam und Ziviler Widerstand wenden sich an alle, die die Werte Jesu Christi hochhalten, mit der Bitte: »Werdet wach, kehrt um, macht mit!« Die Kirchen waren in der westdeutschen Nachrüstungsdebatte und der ostdeutschen Wendezeit nicht deshalb prägende gesellschaftliche Kräfte, weil sie tolle Papiere und Appelle verfassten. Sie waren es, weil ihre Mitglieder persönlich auf der Straße präsent waren und für ihre Überzeugungen mit Gleichgesinnten anderer »Glaubenshintergründe« gemeinsam gekämpft und gelitten haben.

## II.2 Katholische Kirche und Ziviler Ungehorsam bzw. Widerstand

So deutlich die Kirche sich zu Inhalten der Klimagerechtigkeitsbewegung stellt, so viele etwa hartnäckig Zivilen Ungehorsam durch die Gewährung von Kirchenasyl praktizieren, so wenig habe ich theoretisch-reflexionsmäßig zu Zivilem Ungehorsam und Zivilem Widerstand gefunden. Während sich Katholische Soziallehre und Theologie der Befreiung mit struktureller und/oder institutionalisierter Gewalt und/oder Ungerechtigkeit ausführlich befassen, ist die Datenlage zur legitimen Reaktion auf gewalttätige und tödliche Zustände deutlich dünner. Dabei bietet die umfangreiche Literatur zur Frage des »gerechten Krieges« beziehungsweise wie man sich zu mordenden Diktatoren verhalten soll, wenig Hilfestellung, da es sich dort um klar erkennbare Verantwortlichkeiten handelt und nicht wie bei der »Wirtschaft, die tötet«, um weitgehend strukturell-systemische Gewalt (siehe 3 und 4).

Eine Äußerung von Papst Paul VI. wird in diesem Zusammenhang oft zitiert:

> Es gibt ganz sicher Situationen, deren Ungerechtigkeit zum Himmel schreit [...] (D)ann ist die Versuchung groß, solches gegen die menschliche Würde verstoßende Unrecht mit Gewalt zu beseitigen. Trotzdem: Jede Revolution - ausgenommen im Fall der eindeutigen und lange dauernden Gewaltherrschaft, die die Grundrechte der Person schwer verletzt und dem Gemeinwohl des Landes ernsten Schaden zufügt - zeugt neues Unrecht, bringt neue Störungen des Gleichgewichts mit sich, ruft neue Zerrüttung hervor. Man kann das Übel, das existiert, nicht mit einem noch größeren Übel vertreiben. (*Populorum Progressio*, Nr. 30f.)

Und das Bischofstreffen in Medellin 1968 stellte klar: Es ist dabei egal, ob Ungerechtigkeit und Gewalt »von Personen oder von offensichtlich ungerechten Strukturen herrührt«.

Dennoch ist evident, dass hier letztlich von Gegengewalt abgeraten wird. Auch Papst Franziskus hilft nicht weiter. So deutlich er sich hinsichtlich der Zerstörungskraft der Wirtschaft gegenüber der Natur, den Armen oder Indigenen äußert – etwa in den Dokumenten der Amazonassynode – und so sehr er zur Verteidigung von Mutter Erde und den Armen aufruft: Ausdrücklich-unmissverständliche Unterstützung von Zivilem Ungehorsam und Widerstand oder wenigstens eine konstruktive Diskussion fehlt bei ihm. Kenner der Katholischen Soziallehre aus dem Bereich universitärer Lehre schreiben mir dazu Folgendes (ohne, dass sie zitiert werden wollen):

> Die kürzestmögliche Antwort auf deine Frage ist, dass du keine Unterstützung zu Gewalt beinhaltende Reaktionen selbst auf die ungeheuerlichsten Ungerechtigkeiten in offiziellen Dokumenten der Katholischen Soziallehre finden wirst. Die Katholische Moraltradition ist misstrauisch gegenüber allen, die für sich entscheiden, dass Gewalt gerechtfertigt ist und die das Gesetz in ihre eigenen Hände nehmen - egal, wie offensichtlich es ist, dass sie bösen Menschen und ungerechtfertigten Politiken Widerstand leisten. Zustimmung dazu würde die Tür zu potenziell willkürlichem Vigilantismus öffnen.

Auch darf nicht vergessen werden: Kirche war jahrhundertelang systemdefinierend, -stabilisierend und -legitimierend, und es ist auffällig, dass die Befürwortung von Gegengewalt, in welcher Form auch immer, größer wird, je weiter man in der Hierarchie nach unten geht und je näher man jenen Individuen und Institutionen kommt, die staatlicher oder struktureller Unterdrückung am nächsten oder direkt ausgesetzt sind.

## II.3 Revolution oder Subversion?

Und so ist wenig erstaunlich, dass sich Christen vor allem dort mit »revolutionärem« oder »subversivem« Gedankengut der Bibel beschäftigen, wo konkrete Unterdrückung herrscht: Dem Südafrika der Apartheid, Lateinamerika, die Schwarzen in den USA.

Im Blick auf Afrika vertritt Walter Wink (2015) etwa die Auffassung, dass Jesus allen, die unter Unrecht leiden, neben der Alternative »Kampf« oder »passive Hinnahme« einen dritten Weg vorgelebt hat: »Militante Gewaltlosigkeit«. Inspiriert von den Propheten haben Jesus und Mitglieder der Urkirche Gesetze gebrochen oder anderes gewaltfrei und unter großem persönlichem Einsatz unternommen, um Missstände durch ihr Handeln dermaßen offensichtlich zu machen, dass sie nicht mehr ignoriert werden konnten. Dadurch brachten sie Eliten in das Dilemma, die Missstände entweder zu beheben oder die Provokateure zu beseitigen.

Als Vertreter der lateinamerikanischen Theologie der Befreiung meint Ignacio Ellacuría, dass angesichts des unterdrückerischen Charakters des herrschenden Wirtschaftssystems Reformen nicht ausreichen – es braucht Disruption, ja Revolution. Dabei gilt nicht automatisch, »dass der Kampf gegen die Ungerechtigkeit und Unterdrückung mit Waffen erfolgen muß. Nur ›wenn ihr kein anderer Ausweg bleibt, wird diese revolutionäre Gewalt zum bewaffneten Kampf, ohne deswegen terroristischer Kampf sein zu müssen«.« Ellacuría selbst bevorzugt eindeutig gewaltfreie Lösungen und betont andernorts, dass ihm ein »Sieg von Ideen« lieber wäre oder ein Zusammenbruch unterdrückender Strukturen durch Subversion (Ellacuría, 1993).

Subversion ist in der Tat eine bedenkenswerte, gewaltfreie und wirksame Alternative: Während Revolution die Konfrontation mit der unterdrückenden Struktur sucht, stellt Subversion ein aktiv-kreatives Unterwandern derselben durch die Entwicklung, Erprobung und Verbreitung von Alternativen dar (vgl. 10.11). Dadurch wird der Einfluss der unterdrückenden Struktur durch schwindende Abhängigkeit von ihren Produkten, Manipulationen und sonstigen Druckmitteln geschwächt, weshalb sie irgendwann zusammenbricht und/oder durch eine neue Ordnung mit neuen Institutionen ersetzt wird.

Subversion gegen unterdrückende Strukturen ist etwas in der christlichen Tradition sehr Lebendiges, beginnend beim Wandel des römischen Weltreiches über den Jesuitenstaat in Paraguay (mit seiner gelebten Alternative zur kolonialen Ausbeutung) bis in die heutige Zeit, wenn beispielsweise kirchliche Bildungs- und Gesundheitsstrukturen vielerorts besser und zugänglicher sind als alternative Optionen. In dieser Tradition sehe ich auch Papst Franziskus in seinen Ansprachen an die Welttreffen der Volksbewegungen. 2014 sagte er bei dieser Gelegenheit:

Einige von euch haben gesagt: Dieses System ist nicht mehr zu ertragen. Wir müssen es ändern. Wir müssen die Würde des Menschen wieder ins Zentrum rücken und dann auf diesem Grund alternative gesellschaftliche Strukturen errichten, die wir brauchen. Das müssen wir mit Mut, aber auch mit Intelligenz betreiben. Hartnäckig, aber ohne Fanatismus. Leidenschaftlich, aber ohne Gewalt. Und gemeinsam, die Konflikte im Blick, ohne uns in ihnen zu verfangen, immer darauf bedacht, die Spannungen zu lösen, um eine höhere Stufe von Einheit, Frieden und Gerechtigkeit zu erreichen. Wir Christen haben etwas sehr Schönes, eine Handlungsanleitung, ein revolutionäres Programm, könnte man sagen. Ich rate euch dringend, es zu lesen.

Welchen Zulauf bekämen kirchliche Berufs- und andere Verbände, wenn sie sich der Entwicklung und dem Testen alternativer Wirtschafts- und Produktionsformen widmen, mit anderen Akteuren der Zivilgesellschaft verbünden und so das herrschende kapitalgetriebene Wirtschaftssystem unterlaufen und schwächen würden!

## II.4 Ein evangelischer Blick: Dietrich Bonhoeffer

Einem der Gegenleser dieses Buchs, Prof. Franz Segbers, bin ich dankbar für den Hinweis auf Dietrich Bonhoeffers Analyse und Reflexion des Verhältnisses zwischen Staat und Kirche und der Aufgabe von Kirche in verschiedenen Spannungssituationen. Aus Bonhoeffers Sicht besteht die erste Aufgabe darin, den Staat an seine Verpflichtungen zu erinnern. Das schließt den klaren Widerspruch in den Fällen ein, in welchen der Staat seine Verantwortung dadurch verletzt, dass er ein Zuwenig oder ein Zuviel an Ordnung und Recht schafft. Die zweite Aufgabe besteht darin, den Opfern staatlichen Fehlverhaltens beizustehen. Es geht also darum, diejenigen zu retten und zu schützen, die unter staatlichen Pflichtverletzungen zu leiden haben. Die dritte Aufgabe stellt sich dann, wenn Verletzungen von Recht und Ordnung durch ein Zuwenig oder ein Zuviel zum dauerhaften Kennzeichen staatlichen Handelns werden. Dann ist die Aufgabe der Kirche, »nicht nur die Opfer unter dem Rad zu verbinden, sondern dem Rad selbst in die Speichen zu fallen. Solches Handeln wäre unmittelbar politisches Handeln der Kirche und ist nur dann möglich und gefordert, wenn die Kirche den Staat in seiner Recht und Ordnung schaffenden Funktion versagen sieht« (Bonhoeffer, 2015, S. 353).

Auf der ersten der drei genannten Ebenen geht es um den ideologischen Konflikt über die Legitimität staatlichen Handelns. Dieses beurteilt die Kirche auf dem Hintergrund des christlichen Werte- und Normensystems und entsprechend hat sie immer dann zu protestieren, wenn staatliches Handeln von diesem Referenzrahmen abweicht. Auf der zweiten Ebene geht es um ihr stellvertretendes Handeln, wir können sagen: um ihre Diakonie. Stellvertretend soll sie den Opfern staatlichen Handelns beistehen. Auf der dritten Ebene aber geht es um unmittelbar politisches Handeln. Dietrich Bonhoeffer verwendet dafür nicht den Begriff des Widerstands; aber er hat ihn klar im Blick. Auch später hält er daran fest, dass ein Eingreifen gegen das illegitime Handeln des Staats nicht nur eine bürgerliche Pflicht, sondern eine Pflicht der Kirche und insbesondere ihrer ordinierten Amtsträger sei. Sein Mitgefangener Gaetano Latmiral berichtet von einer Äußerung Bonhoeffers im Tegeler Gefängnis: »Wenn ein Wahnsinniger auf dem Kurfürstendamm sein Auto über den Gehweg steuert, so kann ich als Pastor nicht nur die Toten beerdigen und die Angehörigen trösten; ich muss hinzuspringen und den Fahrer vom Steuer reißen, wenn ich eben an dieser Stelle stehe.« Die Parallele zwischen »dem Rad in die Speichen fallen« und »den Fahrer vom Steuer reißen« ist offenkundig; in beiden Fällen geht es um aktiven Widerstand.

Bonhoeffer übertreibt die Pflicht zum Widerstand nicht; ich muss »an dieser Stelle stehen«, also zum Handeln imstande sein. Aber er bezieht diese Pflicht klar auf den Pfarrer, der »an dieser Stelle steht«. Er verletzt seine Verpflichtung als ordinierter Amtsträger, wenn er sich auf Trauergottesdienste und den Trost der Angehörigen beschränkt, es aber versäumt, dem Fahrer des Todeswagens in den Arm zu fallen. Wenn es um den Angriff auf Menschenleben, um Verbrechen gegen die Menschlichkeit geht, bezieht sich die Pflicht zur aktiven Einmischung nicht nur auf den einzelnen Glaubenden, sondern auf die Kirche als Gemeinschaft der Glaubenden. So erklärt sich, dass Bonhoeffer es unter den extremen Bedingungen des Nationalsozialismus sogar als seine Pflicht erachtete, sich an der Planung des Hitler-Attentats zu beteiligen. Heute leben wir in einer Demokratie, und die Frage stellt sich so nicht – wohl aber die nach anderen Formen, dem »Rad in die Speichen zu fallen«.

## II.5 Neuere Debatten

Die neueren Debatten zu relevanten Themen dieses Buchs fasst Markus Vogts Grundlagenwerk der Umweltethik zusammen. Darin folgt er, was die Auswirkungen des Klimawandels betrifft, dem ehemaligen Umweltminister beziehungsweise Leiter des UN-Umweltprogramms Klaus Töpfer, der hier von einer »ökologischen Aggression« der reichen Länder und Eliten gegenüber den Armen spricht. Dagegen und gegen die Übernutzung und Verschmutzung natürlicher Ressourcen stellt Vogt das Prinzip der staatlichen »Verantwortung zum Schutz«, eine Weiterentwicklung des Konzepts der humanitären Intervention im Kontext der Doktrin vom gerechten Krieg. Dafür sollten natürlich idealerweise und präventiv zivile Stakeholder ausgebildet, finanziert und gestärkt werden. Zudem ist generell Vorsicht geboten, dass auf diesem

Weg keine Vorwände für militärische Interventionen geliefert werden.

Vogt fasst die menschliche Bereitschaft, gegen die Verursacher von Klimakrise und ökologischer Zerstörung Widerstand zu leisten, unter der zeitgemäßen Neuinterpretation der theologischen Tugend der Stärke. Sie könne etwa »als Mut im zivilgesellschaftlichen Engagement und Widerstand gegen mächtige Konzerne wie zum Beispiel Energieversorgungsunternehmen oder Produzenten der Agrogentechnik umschrieben« werden (Vogt, 2021, S. 55). Dieser Aspekt wird allerdings nicht weiter ausgeführt.

Insgesamt folgt Vogt eher den Enzykliken von Papst Franziskus, der auf eine individuelle, spirituelle Umkehr setzt, deren Ernsthaftigkeit sich natürlich in einem mit anderen vernetzten Engagement erweisen muss. Als mögliche Gebiete dafür nennt er veränderte Lebensgestaltungs- und Konsumentscheidungen oder gesellschaftspolitisches Engagement in der Entwicklung alternativer Wirtschaftsmodelle oder Konzepte des Zusammenlebens wie den Transition Towns oder der Gemeinwohlökonomie. Auch wenn Vogt anerkennend auf konfrontative Bewegungen wie die Bürgerrechts- und Umweltbewegung in der ehemaligen DDR oder die »Environmental-Justice-Bewegung« in den USA verweist, so stehen auch bei ihm Ziviler Ungehorsam und Widerstand klar hinter einer konzeptionell-subversiven Arbeit an Alternativen zum bestehenden System.

## II.6 Konkret gelebter Ungehorsam und Widerstand

Innerhalb der jüdisch-christlichen Tradition findet sich allerdings eine Fülle individuell-persönlicher Beispiele für das, was man heute Zivilen Ungehorsam oder Widerstand nennen würde. In aller Regel ergibt er sich aus einer Offenheit gegenüber Gottes Botschaft und deren Umsetzung im eigenen Leben einerseits und der Reaktion auf Situationen, die Gottes Willen entgegenstehen, andererseits. Die Kette an Vorbildern reicht von den Propheten über Jesus selbst und heiliggesprochene Kritiker kirchlichen und weltlichen Machtmissbrauchs bis hin zu jenen, die sich heute aus religiösen Motiven in der Friedens-, Anti-Atom-, Anti-Globalisierungs-, Anti-Kapitalismus-, Umwelt- und Klimabewegung engagieren.

In den USA gibt es dazu einen spektakulären Beispielfall für christlich motivierte »Gewalt gegen Sachen« im Bereich des Umweltaktivismus. Jessica Reznicek und Ruby Montoya vom Catholic Worker Movement (CWM) wurden durch ihre wiederholten Angriffe auf die Dakota Access Pipeline, die Öl durch Naturschutz- und indigene Reservate führen sollte, bekannt. Dabei zerstörten sie Baumaschinen und sabotierten bereits fertige Einrichtungen. Sie wurden als »Terroristen« zu mehrjährigen Haftstrafen verurteilt, gegen die sie in Berufung gingen. Auch wenn das CWM eine spirituelle Motivation der Frauen anerkannte, sind ihre Aktivitäten umstritten, da sie gegen das strikte Gebot der Gewaltlosigkeit verstießen.

Schaut man allerdings auf die vielen Vorbilder praktizierten Ungehorsams und Widerstands in der christlichen Tradition, bestätigt dies eine Beobachtung der Wissenschaft im Bereich moralischer Revolutionen und der Analyse sozialer Bewegungen: Wer heute ein Außenseiter, gar Verbrecher ist, kann morgen schon ein Heiliger und Vorbild sein. Auch deshalb wäre zu wünschen, dass eine Beschäftigung mit diesen Themen durch Lehramt und Theologie weiter vorangetrieben wird. Anzeichen dafür gibt es.

# 12 Einwände und Kritik

Natürlich gibt es zahlreiche Einwände und Kritik an Zivilem Ungehorsam und Widerstand. Im Folgenden möchte ich die wichtigsten darlegen und argumentativ prüfen.

## »Recht und Gesetz sind hohe Werte!«

Ganz sicher sind Recht und Gesetz hohe zivilisatorische Errungenschaften, gerade im demokratischen Kontext. Es geht aber bei Zivilem Widerstand und schon gar nicht bei Zivilem Ungehorsam um eine Kritik von Recht und Gesetz als solchem, sondern um Korrektur oder Verbesserung oder, wie etwa im Fall der Gleichberechtigung aller Menschen, um die faktische Gewährleistung von Rechten, die bislang faktisch nicht gewährleistet waren. Wie dargelegt (siehe 7.1), entsteht Recht in Spannung zwischen Werten und Überzeugungen einerseits und sich wandelnden Realitäten andrerseits. Daher muss es kontinuierlich angepasst und reformiert werden. Wer das bezweifelt, bedenke, dass Sklaverei einst ebenso »im Rahmen der geltenden Gesetze« war wie die Ermordung von Millionen Menschen während des Dritten Reichs. Der hochangesehene Gelehrte und Minister Gustav Radbruch bilanzierte deshalb beim Zusammenbruch Nazi-

Deutschlands: »Das aber muss sich dem Bewusstsein des Volkes und der Juristen tief einprägen: Es kann Gesetze mit einem solchen Maße von Ungerechtigkeit und Gemeinschädlichkeit geben, dass ihnen die Geltung, ja der Rechtscharakter abgesprochen werden muss« (zit. in Jeschke/Malanowski, 1983).

Auch heute finden Steuerhinterziehung oder das Unterlaufen sozialer oder ökologischer Standards »im Rahmen der geltenden Gesetze« statt, indem Schlupflöcher genutzt oder »Ermessensspielraum« gekauft werden. Das passt zur Beobachtung von Henry Thoreau, einem Vorbild moderner Ziviler Ungehorsamsbewegungen: »Man sollte nicht den Respekt vor dem Gesetz pflegen, sondern vor der Gerechtigkeit [...] Das Gesetz hat die Menschen nicht um ein Jota gerechter gemacht« (Thoreau, 1996, S. 15f.).

## »Ziviler Ungehorsam gefährdet das staatliche Gewaltmonopol!«

Auch während der Nachrüstungsdebatte in den Achtzigerjahren des letzten Jahrhunderts wurde die Gefährdung des staatlichen Gewaltmonopols befürchtet (Glotz 1983, S. 12f). Gewalt fordere zudem den Staat geradezu heraus, seine Machtmittel einzusetzen, argumentierte man damals. Bei harmlosen Dingen wie dem Aufhängen von Transparenten auf der Nürnberger Kaiserburg und dem Ersetzen der Deutschlandfahne durch die Regenbogenfahne oder wenn Sand in die Tanks von Radladern und anderen

Maschinen gekippt wird, um dem Ausdruck »Sand ins Getriebe« direkt und symbolisch Nachdruck zu verleihen, ermittelt sofort der Staatsschutz. Aber: Damals wie heute muss unterschieden werden zwischen der Gewalt gegen Personen, Gewalt gegen Sachen und schlichtem »Zwangausüben« durch friedliche Blockaden. Mit Habermas gilt also auch heute, »in Deutschland Zivilen Ungehorsam als Element einer reifen politischen Kultur begreiflich zu machen. Jede rechtsstaatliche Demokratie, die ihrer selbst sicher ist, betrachtet den Zivilen Ungehorsam als normalisierten, weil notwendigen Bestandteil ihrer politischen Kultur« (Habermas, 1983, S. 32). Und genau so entsteht »Rechtsfortschritt« (siehe 8.3).

## »Ziviler Ungehorsam ist Erpressung!«

Streng genommen ist Erpressung im strafrechtlichen Sinn die Androhung und Ausübung von Gewalt zur eigenen Bereicherung. Darum geht es Klimaaktivisten keinesfalls. Sie sehen in dem, was sie tun, eine Aktionsform, die deshalb angewendet wird, weil alles andere, das man bislang versuchte, um wachsende Ungleichheit und planetare Ausplünderung aus Bereicherungsgründen zu stoppen, nicht zielführend war. Der eigentliche Skandal ist also im Fall Klimagerechtigkeit vielmehr die Unwilligkeit der Adressaten, die sozial-ökologische Transformation anzugehen, ihr Bestreben, jene, die sie angehen wollen, daran zu hindern und ansonsten die große Mehrheit davon abzuhalten, entsprechendes Wissen zu erhalten, indem sie über Auftragsforschung, Gefälligkeitsgutachten oder Medienkontrolle Meinung manipulieren und abweichende Positionen unterdrücken oder lächerlich machen können.

### »Da könnte ja jeder kommen!«

Haben beispielsweise Querdenker, Impfgegner oder Flüchtlingsgegner die gleiche Berechtigung zu oder Rechtfertigung für Aktionen Zivilen Ungehorsams und Widerstands wie Umwelt- und Klimaaktivisten? Das Recht haben sie, und solange sie es friedlich wahrnehmen wie bei ihren »Spaziergängen«, gilt auch für sie: Gleiches Recht für alle. Die Frage ist, wie legitim ihre Positionen sind, denn wie in der Friedens- und Nachrüstungsdebatte 1983 geht es nicht nur um Legalität, sondern auch Legitimität. Querdenker genießen unverhältnismäßig viel Aufmerksamkeit, weil sie sich laut, störend und teilweise gewalttätig gegen den Normenkonsens der Mehrheit stellen, während die überwältigende Mehrheit ihre Positionen nicht teilt. Aus ihrer eigenen Wahrnehmung heraus leisten Querdenker durchaus Widerstand, ihre diesbezügliche Legitimation wird aber lediglich von der eigenen Minderheit akzeptiert und geteilt. Hannah Arendt betont, dass es Zivilem Ungehorsam nicht um Ausnahmen vom Gesetz für einzelne und kleine Gruppen geht. Er zielt vielmehr auf die Mehrung des Allgemeinwohls und ist deshalb auch öffentlich (zit. in Gesang, 2022).

## »Ihr macht euch angreifbar!«

Wer nicht stark genug ist, durch Zivilen Widerstand tatsächlich die gesellschaftspolitische Agenda zu setzen und den gesellschaftlichen Diskurs zu prägen, bietet dem Gegner Gelegenheit, die für ihn unliebsamen Aktionen umzudeuten. Genau dies geschieht gegenüber der Klimabewegung, wenn im Grund harmlose Aussagen einer Carla Reemtsma von Fridays For Future, die im weitesten Sinn radikalere Aktionsformen für die Klimabewegung fordert, in einen Topf geworfen werden mit dem gewaltfreien Widerstand der »Letzten Generation« oder gefährlichen Spekulationen eines Tadzio Müller zu einer »grünen RAF«. Dies ermöglicht Gegnern der Klimabewegung, alle Aktivisten undifferenziert zu potenziellen Terroristen zu erklären, die der Mehrheit ihre Überzeugung aufzwingen wollen, und nach einer Beobachtung durch den Verfassungsschutz zu rufen. Schon wird die (gesunde) Angst vor dem Klimawandel durch die (künstliche) Angst vor terroristischer Bedrohung ersetzt und schon diskutiert die Gesellschaft nicht mehr über den rechtfertigenden Notstand, sondern Abwehr von »Ökoterrorismus«. Diese Interpretation droht dann, wenn Aktivisten bei der Planung eben nicht die potenziellen Reaktionen der Öffentlichkeit mitbedenken (siehe 7.6). Ist aber die Öffentlichkeit negativ voreingenommen, kann der Verfassungsschutz noch so oft betonen, dass bei Autobahnblockierern der »Letzten Generation« kein extremistischer Hintergrund festzustellen ist. Vielmehr folgt man dann doch eher Politikern, die Sonderstaatsanwaltschaften und längeres Wegsperren ohne richterlichen Beschluss (»Unterbindungsgewahrsam«) fordern, als dass man sich mit der Motivation der Aktivisten beschäftigen würde. Dabei ist der Kriminalitäts- und Terrorismus-vorwurf zumindest gegen die »Letzte Generation« Unfug: Gewaltfrei Gesetze brechen und Straftaten begehen ist eines. Kriminalität hingegen möchte gezielt Menschen Schaden zufügen, terroristische Bedrohung schließlich ist undifferenziert und zielt auf Einschüchterung der ganzen Bevölkerung.

### »Ihr werdet zu früh radikal!«

Was ist das richtige Timing von Aktionen? In der Widerstandsgeschichte ist unumstritten, dass sich bestimmte Aktionsformen irgendwann verschleißen und durch neue ersetzt werden müssen. Wenn etwa jene, die ursprünglich durch den Schulstreik der »Fri-days« irritiert waren, inzwischen Beifall klatschen, aber nicht handeln, erfordert dies neue Aktionsfor-men, die erneut zu irritieren und zu provozieren vermögen. Greift man aber zu früh nach solchen Mitteln, besteht die Gefahr, dass die Gesellschaft dafür noch nicht aufnahmebereit ist. Dann bleibt die Aktion bestenfalls wirkungslos, schlimmstenfalls erzeugt sie mehrheitlich Ablehnung. Die Informati-on im Vorfeld einer Aktion mit vielen Erklärungen ist deshalb mindestens so wichtig wie die Aktionen selbst. Dabei sollten nicht nur wichtige Verbündete, potenzielle Unterstützer und Medien angesprochen werden, sondern auch wichtige Personen innerhalb der »Säulen der Unterstützung« (siehe 10.11).

### »Wer einmal anfängt, kennt keine Grenze mehr«

Häufig ist es so: Wenn man sich einmal auf den Pfad der Eskalation begeben hat, gibt es irgendwann kein Halten. Auf Blockade folgt Sachbeschädigung, auf Gewalt gegen Sachen folgt Gewalt gegen Personen. In der Tat gibt es in der Geschichte Belege dafür. Hierher gehört auch das Argument der »radikalen Flanke«, welches davon ausgeht, dass ein bestimmtes Maß an Gewalttätigkeit radikaler Gruppen an den Außenrändern von ansonsten friedlichen Bewegungen die Legitimität der Mehrheitsgruppe stärkt. In diesen Situationen »haben Moderate und Radikale sehr verschiedene Rollen: Die einen verschärfen eine Krise bis zum Zerreißpunkt, die anderen bieten einen Ausweg daraus« (Malm, 2021, S. 120, eigene Übersetzung, siehe 8.2). Nur: Ist das nicht ein Spiel mit dem Feuer? Gewaltfreie soziale Bewegungen betonen, dagegen Sicherungselemente einzubauen. Etwa das Einüben von Disziplin, gegenseitigem Vertrauen und gegenseitiger Kontrolle bezüglich der geteilten Werte, oft fixiert durch eine gemeinsame Verpflichtungserklärung und automatischen Ausschluss bei Verstoß gegen den »Aktionskonsens«. Ob dies gelingt, ist von Bewegung zu Bewegung unterschiedlich, manchmal führt die Betonung des Konsenses gerade erst zur Abspaltung radikalerer Zweige. Die Abwägung zwischen Disziplin und der Bewahrung des Aktionskonsens einerseits und der Entscheidung über Eskalationselemente und Eskalationszeitpunkte andererseits gehört deshalb zu den schwierigsten Aufgaben der Leitungen von Bewegungen.

### »Ihr trefft die Falschen!«

Wie kann man sicherstellen, dass die gewählten Aktionsformen und ihr Zweck in der breiten Öffentlichkeit verstanden werden? Leider gar nicht. Selbst wenn man mit Aktionen auf die Hauptprofiteure des gegenwärtigen Systems zielt, kann es natürlich unter diesen einen »Guten« mit besten Absichten treffen. Angriffe auf den Fuhrpark einer Konzernzentrale können etwa das Auto des einzigen Vorstandsmitglieds treffen, das innerhalb des Konzerns für ein Umlenken kämpft. Oder: Autobahnblockaden irritieren alle, die ungewollt im Stau stehen und Zeit verlieren – selbst jene, die einen Arzttermin haben. Bei solchen symbolischen Aktionen Zivilen Ungehorsams sind Kommunikationsstrategien wichtig, um die Bedeutung der Aktion zu vermitteln. Etwa das Anfertigen und Austeilen von erklärenden Flugblättern mit kleinen Geschenken an die Betroffenen. Eine wichtige Rechtfertigung ist das Argument, dass Ziviler Widerstand an Disruption vorwegnimmt, was in wenigen Jahren der Klimawandel besorgen wird und dass auch dieser nicht unterscheidet zwischen jenen, die es gerechtfertigt und anderen, die es ungerechtfertigt trifft.

## »Symbolische Aktionen haben keine nachhaltige Wirkung!«

Dies bringt uns zu dem Einwand, dass Aktionen Zivilen Ungehorsams und Widerstands zu klein und punktuell sind, als dass man ihnen eine nachhaltige Wirkung zutraut. Das kann (am Anfang) sein, muss aber nicht so bleiben. Entscheidend ist, ob eine Aktionsform einen mitreißenden Wirbelwind weg vom Jetztzustand hin zu den vertretenen Positionen und Anliegen zu entfesseln und Herz und Verstand der breiten Öffentlichkeit zu gewinnen vermag, sodass sich mehr und mehr Menschen diese Positionen zu eigen machen. Kann etwas Zerstörerisches gestoppt, eine positive Alternative aufgegleist werden? Jene, gegen die solche Aktionen gerichtet sind, werden die Reaktion der Öffentlichkeit sorgfältig beobachten, um einschätzen zu können, wie diese ankommen und welche Verhaltensänderungen sie nach sich ziehen. Sind sie beispielsweise so populär, dass sie Kauf-, Konsum- oder Investitionsverhalten zu ändern vermögen, wird Veränderung sehr schnell und nachhaltig möglich. Ein weiterer Grund, warum die Kooperation und Komplementarität zwischen den verschiedenen Aktionsformen und Informationen im Vorfeld so wichtig sind (siehe 10.11).

## »Sabotage ist nicht öffentlich!«

Da Beschädigungen fossiler Infrastruktur, von Maschinen, Konzernzentralen oder SUVs in aller Regel im Verborgenen stattfinden, um Entdeckung ausweichen und effektiv sein zu können, verletzten sie ein Prinzip, das für die Legitimität von Zivilem Widerstand zentral ist: dass man mit Namen und Gesicht für seine Tat einsteht. Denn genau dadurch entsteht Beziehung, genau dadurch kann sich Öffentlichkeit mit Aktivisten verbinden, deshalb empört sich Öffentlichkeit, wenn Polizisten friedliche Aktivisten von der Straße in Gefangenentransporter schleppen. Dem Einwand kann begegnet werden, indem man nach einer Reihe erfolgreicher Aktionen diese ebenso öffentlich macht wie die eigene Beteiligung daran – so geschehen etwa bei Jessica Reznicek und Ruby Montoya. Oder man verteidigt sich mit den Schieflagen in der Demokratie, denn auch transnationale Konzerne halten sich nicht an die Spielregeln der Demokratie, sondern beweisen immer wieder durch heimliches Tun im Verborgenen (Steuervermeidung, Lobbyismus, Drohung von Arbeitsplatzverlagerung, der »Empfehlung« von Gesetzestextblöcken), dass ihnen Eigennutz über Gemeinwohl geht.

# 13  Der Weg nach vorn

Was umgehend getan werden kann, um einen sozial-ökologischen Umbau unserer Gesellschaft in die Wege zu leiten, habe ich in »Einfach anfangen!« dargelegt (Alt, 2021). Das Folgende beschränkt sich deshalb auf Betrachtungen, wie und warum sich Ziviler Ungehorsam und Widerstand mit den dortigen Vorschlägen verbinden.

## 13.1  Aufstand der »Letzten Generation«

»Wir sind die erste Generation, die die Auswirkungen des Klimawandels zu spüren bekommt, und die letzte Generation, die etwas dagegen unternehmen kann« – so twitterte US-Präsident Obama am 23. September 2014. Und so ist es tatsächlich. Daher ist es auch passend, dass die sechs jungen Menschen ihre Aktion vor dem Berliner Reichstag als »Hungerstreik der Letzten Generation« bezeichneten. Im Manifest, welches sie zu Beginn des Hungerstreiks veröffentlichten, schreiben sie:

> Wir sind jung, aber wir sind bereit, unser Leben zu riskieren. Wir schätzen das Leben und wollen nicht sterben. Aber [...] unser Klima erhitzt sich und unsere

Ökosysteme zerbrechen. Korruption und Machtkonzentration in den Händen weniger rauben uns jede Hoffnung auf Wandel. Mit dem Ausverkauf unserer Zukunft wird jede Minute Profit gemacht. In diesem Moment geht es um Leben und Tod für die junge Generation. Wollen wir wirklich so weitermachen? Das unermessliche Leid des Klimazusammenbruchs weiter verstärken und unsere Kinder in Kriege und Hungersnöte schicken? Es ist die wohl schwierigste und die entscheidende Aufgabe der Menschheitsgeschichte. Wir können in zwei Richtungen weitergehen. Gehen wir den Weg des Massenaussterbens oder ergreifen wir die Chance für einen gerechten Systemwandel? Noch haben wir die Wahl.

Konsequenterweise sind die Kernforderungen des »Aufstands der Letzten Generation«, der nach dem Hungerstreik mit Aktionen Zivilen Ungehorsams (Containern und Selbstanzeigen) und Widerstands (Blockaden, Pipelines abdrehen) weiterging, zusammengefasst mit: »1. Stopp dem Weiter-So! 2. Wir haben schon jetzt einen Klimanotstand! 3. Alles muss auf den Prüfstand und wir müssen umsteuern.« Damit sind sie nicht allein: »System Change not Climate Change« sagen auch AktivistInnen von Fridays For Future, impliziert es Kapitel 3 des IPCC Reports (2022b), sagen es Teilnehmende an der Klimakonferenz in Glasgow, etwa die Generalsekretärin des Club of Rome.

In wiederholten nationalen und internationalen Erhebungen wird deutlich, dass bis zu drei Viertel aller jungen Menschen Angst vor der Zukunft haben und Eco Anxiety (»Klimaangst«) mit den Folgen Burnout und Depression wächst. Bei ca. 30 bis 35 Prozent kommen Problembewusstsein und Bereitschaft zusammen, etwas bei sich und in der Gesellschaft zu verändern. Ein beachtlicher Pool, aus dem sich Aktivismus potenziell speisen kann. Darunter werden in Zukunft auch solche sein, die bei der letzten Bundestagswahl noch für Parteien gestimmt haben, in deren Parteiprogrammen Klimaschutz eine (zu) kleine Rolle gespielt hat. Gerade bei der »Letzten Generation« ist zudem ein Zulauf älterer Menschen zu verzeichnen, die sich an den Aktionen ihren Kindern und Enkeln zuliebe beteiligen.

Den allerwenigsten, die sich zu Zivilem Ungehorsam und Zivilem Widerstand durchringen, macht dies Spaß. Sie würden lieber ins Kino gehen, Tanzen oder mit einem guten Buch in der Sonne liegen. Es ist ihr Gewissen, das Wissen um eine moralische Verpflichtung, die ihnen keine Ruhe lassen. Als Gesellschaft haben wir (zumindest zum Zeitpunkt der Entstehung dieses Buchs) noch die Wahl, ob wir möglichst bald auf jene hören, die sich zu Gewaltlosigkeit verpflichten, oder ob wir weiter wegschauen, belächeln, bekämpfen und dadurch riskieren, dass es tatsächlich zu »grünen Brigaden« kommen wird.

## 13.2 Sich um ganzheitliche Sicht bemühen

Unsere Wahrnehmung von Krisen ist geprägt von medialen »Aufmerksamkeitszyklen«. So dominiert einmal Corona, und alle halten es für das wichtigste, gar einzige Problem. Dann kommt der Ukrainekrieg, dann der neueste IPCC Sachstandsbericht, dann ein Sturm in der Karibik ... Dadurch geraten andere, parallel fortdauernde Krisen ohne aktuellen Schlagzeilenwert in Vergessenheit, obwohl sie keine Pause machen. So schlimm Corona oder der Ukrainekrieg sind: Klimawandel und Artensterben hören nicht auf: in Afrika wüten dadurch verursachte Hungersnöte ebenso wie in Asien Zyklone mit entsprechenden Fluchtbewegungen. Wir können uns nicht mehr aussuchen, wie viele Krisen wir gleichzeitig handhaben müssen. Denn tun wir es nicht, werden es nur noch mehr.

Dabei ist es letztlich wieder ganz einfach! Durchdenkt man die Hintergründe vieler Krisen, kommt man immer wieder zu ein und derselben Ursache: unsere neoliberale Art zu wirtschaften, die ohne fossile Energie nicht möglich wäre. Entsprechend müssen wir weg von der Fokussierung auf Einzelkrisen und Symptomkurieren hin zu den Ursachen: den Leitwerten unserer Gesellschaft und der neoliberalen Organisation von Wirtschaft und Gesellschaft.

Ein Schritt zurück kann hier sehr ermutigend sein, denn dann erkennen wir, an wie vielen Stellen bereits an der Schwächung des neoliberalen Systems beziehungsweise an einer Alternative dazu gearbeitet wird:

- Schon lange gibt es Protestbewegungen gegen die ungerechte Globalisierung, Dominanz der G-20, einflussreicher Wirtschaftsblöcke oder Freihandel.

- Ebenso lange gibt es den Protest gegen überzogenen Individualismus, Materialismus und Konsumismus. Alternative Werte wie Gemeinwohl, Solidarität, Partizipation, die »Weisheit« anderer Denkschulen und Kulturen etc. waren immer Thema und gewinnen massiv an Auftrieb.

- Die Krise herkömmlicher Großinstitutionen wie Volksparteien, Kirchen, Gewerkschaften sind ein Indiz dafür, dass diese Stabilisatoren der Vergangenheit an Bindekraft verlieren. Zugleich sind Werte, die diese Institutionen verkörpern, nach wie vor attraktiv – ein Beleg dafür, warum die Suche nach neuen bindungsfähigen Organisationsformen und Institutionen so wichtig ist.

- Über verändertes Kaufverhalten Einzelner und Kapitalabzug durch Investoren, Fondsmanager oder öffentliche Auftraggeber werden Billionen aus bestimmten Bereichen abgezogen und neuen zugeführt.

- Seit langem gibt es Protest gegen die Privilegierung von Kapitalbewegungen und Kapitaleigentümern auf Kosten des Gemeinwohls: Occupy Wallstreet,

Kampagnen gegen Steueroasen, für Steuergerechtigkeit oder die Finanztransaktionssteuer.

- Neben der Klimagerechtigkeitsbewegung gibt es nach wie vor zahlreiche etablierte NGOs, die sich mit großem Einfluss für den Schutz von Umwelt, Meeren, Arten, Landschaften (Greenpeace, BUND) oder für soziale Gerechtigkeit (Gewerkschaften, Wohlfahrtsverbände) einsetzen.

- Bestrebungen gewinnen Zulauf, die alternative Wirtschaftsformen theoretisch (Netzwerke pluraler/heterodoxer Ökonomie) und praktisch wiederzubeleben oder neu zu entwickeln suchen: Genossenschaften, Kooperativen, Sozialwirtschaft, Gemeinwohlökonomie.

- Die interdisziplinäre Vernetzung innerhalb der Wissenschaft wächst, um vor den akuten Gefahren des gegenwärtigen Kurses zu warnen.

- Es gibt praxistaugliche Ergänzungen zur repräsentativen Demokratie wie etwa Bürgerräte, Volksbegehren, internetbasierte Konsultations- und Mobilisationsformen.

- Es gibt gelebte Alternativen zu Patriarchat, Sexismus, Rassismus und anderen ausgrenzenden Einstellungen.

- Widerstand gegen die neoliberale Ordnung gewinnt an Zuspruch im Bereich von Kunst und Film, Literatur und anderen öffentlichen Bereichen wie Influencer- und YouTube-Kanälen, Social Media und auf internetbasierten Plattformen.

- Es gibt politische Parteien, die sich ausdrücklich gegen den Neoliberalismus stellen (Syriza, Die Linke, Podemos). Auch wenn sie Mühe haben ihre Politikziele umzusetzen, sind sie für die Klimagerechtigkeitsbewegung ein Fuß in den Türen der Parlamente.

Hier findet genau das statt, was oben (10.11) als vielversprechend für erfolgreiche soziale Widerstandsbewegungen dargelegt wurde: eine Fülle unterschiedlichster Akteure arbeitet mit verschiedensten Taktiken faktisch an einem gemeinsamen Ziel und verbreitet damit auch Bewusstsein und Mobilisierungsbereitschaft in der Bevölkerung. Dies ist aber in der Öffentlichkeit noch zu wenig bewusst. Ein solches gemeinsames Bewusstsein zu schaffen und erst recht, es zu koordiniert-komplementären Aktionen zusammenzubringen, ist eine große Herausforderung, hat sich in der Vergangenheit aber immer wieder als erfolgsentscheidend erwiesen. Wie kann eine gemeinsame Vision geschmiedet, wie können gemeinsame Ziele definiert werden? Was ist eine Gesamtstrategie, in der alle einen Platz finden? Wer ist bereit, eigene Prioritäten zugunsten des großen gemeinsamen Ganzen wenigstens vorübergehend aufzugeben? Wer ist bereit, sich einzuordnen und ein Stück weit unterzuordnen?

Wird es zum Beispiel gelingen, neben Aktionen Zivilen Widerstands auch Gewerkschaften für einen Generalstreik zu gewinnen? Dies wird bislang skeptisch gesehen, denn viele Menschen haben Angst um ihre Arbeitsplätze. Aber diese sind durch ein Weiter-So, das in Klimakatastrophen mündet beziehungsweise dringend nötige energie-, arbeitsmarkt- und industriepolitische Weichenstellungen und Investitionen verzögert, erst recht gefährdet. Verstehen sie dies, werden auch sie sich dem Weiter-So verweigern. Mir scheint: Kein Problem in diesem Kontext ist unüberwindbar, es hängt von der Vermittlung, vom guten Willen und dem Geschick der Akteure ab.

> Es gibt für Revolutionen ebenso wenig Regeln wie für Liebe oder Glück, aber es gibt bestimmte Konstanten in der Politik, die unabhängig von Ort und Zeit gelten. Diese zu kennen ist grundlegend für jede pragmatische Attacke auf das System. (Engler & Engler, S. 282, eigene Übersetzung)

Unterm Strich sehe ich jedenfalls einen wahrhaftigen »Groundswell«, ein unaufhaltsames Anschwellen der Gegenbewegung zum neoliberalen System, was mich glauben lässt, dass eine andere Welt tatsächlich möglich ist. Diese Bewegung wird ihre Wucht in dem Maß entfalten, wie die unterschiedlichen Akteure erkennen, wozu sie theoretisch und praktisch eigentlich schon in der Lage sind. Nur: Wird dies noch rechtzeitig gelingen?

## 13.3 Braucht es eine Krisenregierung?

Angesichts sich schließender Zeitfenster arbeiten Wissenschaftler wie etwa der ehemalige Generalsekretär des Club of Rome (Maxton & Maxton-Lee, 2020) oder Jason Hickel (Hickel, 2021) heraus, welch drastische Maßnahmen es erfordern würde, wenn wir noch rechtzeitig umsteuern wollen: Befreiung aus der Abhängigkeit von Autokratien, auf deren Lieferungen fossiler Brennstoffe wir angewiesen sind, Verstaatlichung noch existierender fossiler Konzerne und Infrastruktur bis zu Eingriffen in Mobilität, Ernährung, Militär. All das erfordert einen straffen Zeitplan, klare Zielvorgaben und einen koordinierten Kraftakt der ganzen Gesellschaft. Deshalb möchte ich die Frage stellen: Braucht es im Klimanotfall eine Krisen- oder Notfallregierung? Allein die Frage provoziert in Deutschland Schnappatmung, weil sofort Parallelen mit Hitlers Notstandsgesetzen oder kommunistischen Totalitarismen nach russischen oder chinesischen Vorbildern beschworen werden.

Es gibt aber andere Vorbilder, etwa die US-amerikanische Reaktion auf die Weltfinanzkrise mit dem New Deal Roosevelts oder die britischen Beschränkungen durch die Kriegswirtschaftserfordernisse im Zweiten Weltkrieg. Wenn man den Historikern folgt, waren dies nicht die schlechtesten Zeiten für die Bürger dieser Länder. Es herrschten weder Willkür noch Gesetzlosigkeit, es gab Jobs, es waren Zeiten großer Mehrheiten hinsichtlich der Ziele und Opfer, die die Umstände von allen erforderten. Man fühlte sich verbunden in einer großen schicksalshaften, nur gemeinschaftlich zu bewältigenden Aufgabe. Und es waren Zeiten sozialer Gerechtigkeit und Gleichheit im Land, etwa aufgrund der hohen Besteuerung großer Vermögen zur Kostendeckung der Krisen-/Kriegskosten.

Ironischerweise könnte gerade der von Russlands Präsident Putin begonnene Ukrainekrieg ein Weckruf sein, um diesen Schulterschluss endlich anzugehen. Durch ein Herunterfahren des fossilen Wirtschaftssystems retten wir nicht nur das Klima. Wir schwächen auch die Fähigkeit von Staaten, Krieg und Terror zu finanzieren oder ihre Bevölkerungen zu unterdrücken und können so zur Verbreitung von Frieden, Menschenrechten und Demokratie beitragen. Denn Russland ist ja kein Einzelfall. In Kasachstan, Saudi-Arabien, Katar, Iran, Venezuela und vielen anderen Staaten ist die Lage ähnlich.

Das Bundesverfassungsgericht höchstselbst deutet in seinem »Klimaurteil« an, dass wir uns in diese Richtung bewegen sollten, denn schon jetzt verletzt »der Gesetzgeber Grundrechte, weil er keine ausreichenden Vorkehrungen getroffen hat«, die im Pariser Abkommen festgelegten »Emissionsminderungspflichten grundrechtsschonend zu bewältigen« (Nr. 182). »Aus dem Gebot der Verhältnismäßigkeit folgt, dass nicht einer Generation zugestanden werden darf, unter vergleichsweise milder Reduktionslast große Teile des $CO_2$-Budgets zu verbrauchen, wenn damit zugleich den nachfolgenden Generationen eine – von den Beschwerdeführenden als ›Vollbremsung‹ bezeichnete – radikale Reduktionslast überlassen und deren Leben schwerwiegenden Freiheitseinbußen ausgesetzt würde« (Nr. 192).

Daraus folgt, dass das mit »Vollbremsung« Gemeinte fairer über die Generationen aufgeteilt werden sollte, was wiederum bedeutet, dass Staat und Gesellschaft sich umgehend auf stärkere Eingriffe und Regulierungen einstellen müssen. Zugleich sind alle Diskussionen, die ich zu diesem Thema kenne, mit einem stärkeren Engagement von Bürgerräten verbunden, die nicht nur nötig sind, um sich auf Maßnahmen zu einigen, sondern auch, um dieselben umsetzen zu können. Damit käme sogar ein bislang nicht vorhandenes partizipatives Element hinzu.

Vorschläge zum Erstellen eines gesamtgesellschaftlichen Konsenses in Krisenzeiten gibt es genug. Schon 2011 schlug der »Wissenschaftliche Beirat Globale Umweltveränderungen« einen neuen »Gesellschaftsvertrag« vor. Auch ein »New Green Deal« könnte ein solcher Rahmen sein. Dabei darf nicht vergessen werden: Wenn die Kipppunkte fallen und das Klimasystem abrutscht, werden ganz andere Notstandsmaßnahmen erforderlich, um mit Naturkatastrophen, Versorgungsengpässen und millionenfacher Migration umgehen zu können!

## 13.4 Recht, Gesetz, Moral und Ethik

In diesem Zusammenhang wäre eine wichtige Aufgabe für Rechtswissenschaftler und -philosophen eine zeitgemäße Reflexion über die wechselseitige Beeinflussung von Grundrechten, völkerrechtlichen Verpflichtungen sowie Werten und Gesetzen aus Anlass des Klimanotstands, denn es sei nochmals betont: Kein Gesetz dieser Welt fiel einfach vom Himmel. Es entstand im Spannungsfeld der zu regelnden Situation, den in einer Gesellschaft akzeptierten moralisch-ethischen Normen und Werten sowie bereits vorhandenen Regelungen.

Weit bekannt wurde der Zusammenhang zwischen Werten und Gesetzen für ein lebendiges Gemeinwesen durch das bekannte Wort des Verfassungsrichters Ernst-Wolfgang Böckenförde: »Der freiheitliche, säkularisierte Staat lebt von Voraussetzungen, die er selbst nicht garantieren kann« (Böckenförde, 2007). Der Aufsatz, in dem dieser Satz steht, lohnt insgesamt die Lektüre, denn dort ist von »moralischer Substanz« ebenso die Rede wie von »religiösem Glauben«. Besonders wichtig ist Böckenfördes Appell an Christen, »diesen Staat als [...] Chance der Freiheit (zu erkennen), die zu erhalten und zu realisieren auch ihre Aufgabe ist«, und dadurch dessen moralische Substanz zu verteidigen und zu sichern. Ein Juraprofessor unter den Gegenlesern zu diesem Buch hält es sogar für möglich, dass Böckenförde gerade, um diese Substanz zu sichern, Zivilen Ungehorsam begrüßen würde.

Ausführlich behandelt wurden diese Zusammenhänge während der Nachrüstungs-Protestbewegung, etwa in dem vom ehemaligen SPD-Generalsekretär Peter Glotz herausgegebenen Sammelband »Ziviler Ungehorsam im Rechtsstaat« (Glotz, 1983). Dort diskutiert beispielsweise der Verfassungsrichter Helmut Simon die Frage, ob es in der Verfassung »Unabstimmbares« gibt, also Dinge, die nicht per Mehrheitsentscheidung vom Tisch gewischt werden können beziehungsweise die einer Minderheit das Recht geben, deren Schutz und Realisierung einzufordern. Dies gelte insbesondere, wenn Recht und Ethik auseinanderdriften, etwa in Bereichen der Ökologie (!) oder Sicherheitspolitik: »Was muss sich hier eigentlich ändern«, fragt Simon, »die Ethik oder das Recht?« (Simon, 1983, S. 103). Freilich: Einem solchen Auseinanderdriften könne durch verbesserte konsultative Verfahren vorgebeugt werden – eine Steilvorlage für die immer lauter werdende Forderung nach Bürgerräten.

Kein Geringerer als Jürgen Habermas erinnert im gleichen Sammelband an Folgendes: »Weil die Übersetzung von Werten und Normen, die über die Verfassung kommt, in konkrete Gesetze nicht geradlinig verläuft, kann es zu Zivilem Ungehorsam und Disruption kommen. Weshalb der Staat vom Bürger keinen absoluten Gehorsam verlangen kann, sondern nur einen qualifizierten.« Er warnt deshalb davor, Zivilen

Ungehorsam wie ein »gemeines Verbrechen« zu verfolgen. Das sei »bloßer Legalismus«. Dieser wiederum »verleugnet die humane Substanz des Nicht-Eindeutigen genau dort, wo der demokratische Rechtsstaat von dieser Substanz zehrt« (Habermas, 1983, S. 51f.) – womit sich der Kreis zu Böckenförde schließt.

Abschließend sei bedacht, worauf während der Nachrüstungsdebatte der Strafrechtler Horst Schüler-Springorum aufmerksam machte: Was ist das Schutzgut, also »das Rechtsgut, von dem der Notstandtäter Gefahr abwenden will«? In der Nachrüstungsdebatte war es das Vermeiden nuklearer Bedrohung, aktuell geht es um die Klimakatastrophe. Ergo: »Schätzt man (das Anstehende) als eine Lebensgefahr für viele Bevölkerungsmillionen ein, so betrifft der Wunsch zu überleben ein so fundamentales Interesse der Spezies, dass es müßig wird, nach ethischen oder juristischen, altruistischen oder egoistischen bevölkerungs-spezifischen oder menschheits-generellen Begründungen zu fragen« (Schüler-Springorum S. 88). Und Peter Glotz stellt fest: »Wenn man davon ausgehen muss, dass [...] unsere Existenz unmittelbar bedroht (ist), [...] dann bedeutet das eine akute Lebensgefahr für uns alle, und das gewährt andere Rechte, als wenn es nur darum geht, dass irgendein Gesetz den Bürgern passt oder einer Minderheit nicht passt« (Glotz, 1983a, S. 12).

## 13.5 Spiritualität des inneren und äußeren Widerstands

In 11.6 wurde dargelegt, welche praktischen Vorbilder und Anregungen für Zivilen Ungehorsam und Widerstand in der jüdisch-christlichen Tradition zu finden sind. Dabei war das Erleben von Gerechtigkeitsdefiziten zu allen Zeiten ein starkes Moment spiritueller Empörung. Klimawandel und Artensterben stellen eine bislang ungekannte Herausforderung an Spiritualität dar, weil die Bedrohungen so ungeheuer groß, komplex und – zunehmend – unausweichlich katastrophal scheinen. Was ist mit Gottes Versprechen an Noah, die Welt nicht noch einmal mit einer Sintflut vernichten zu wollen? Mir wird dies insbesondere deutlich, wenn ich wahrnehme, welches Ausmaß an Eco Anxiety der Klimawandel vor allem unter jungen Menschen bewirkt, die auch und gerade nach einem aktiven Leben bei den Fridays For Future zunehmend in Depression, Resignation und Burnout rutschen und die Hoffnung auf eine gute Zukunft verlieren. Aber auch hierzu bieten Spiritualität und Religionen übergreifende Traditionen reichhaltige Anknüpfungspunkte. Etwa der Ansatz an Gefühlen – zentral in der Spiritualität geistlicher Übungen. Angesichts der herannahenden Katastrophen kann man an der Wut, die einen hinsichtlich der Untätigkeit von Politik und Gesellschaft befallen kann, ebenso ansetzen wie an der Wertschätzung, Freude und Liebe aufgrund des

Schönen, dass uns zu erleben noch gegeben ist. »In Liebe und Wut« lautet ein Gruß unter Klimaaktivisten, und eine Arbeit, die auf diesen Gefühlen aufbaut, kann Depression und Resignation überwinden und zurück ins Engagement führen. Dabei ist das Gefühl, nicht hilflos zu sein, zugleich die wichtigste Therapie gegen Eco Anxiety.

Oder man setzt am Wissen um die Durchdrungenheit und Beseeltheit von allem an, was durch die Trennung in »Materielles« und »Spirituelles« in Vergessenheit geraten ist. Dadurch wurde vieles verdinglicht und der Respekt des Menschen im Umgang damit ging entsprechend verloren. Auch wenn Christen Pantheismus (»Alles ist Gott«) ablehnen, so ist Panentheimus – »alles ist in Gott«, also alles ist von Gott umfangen und durchdrungen und damit hat alles auch an seiner Heiligkeit Anteil – durchaus auf dem Vormarsch und belebt einen Traditionsstrang wieder, der in den Schriften Teilhard de Chardins oder Jürgen Moltmanns lebendig ist.

Sodann der wichtige und spezifisch christliche Punkt, dass ich jenen, die mir oder anderen Unrecht getan haben, vielleicht keine Liebe geben kann, so doch immer eine Chance zur Umkehr offenhalten und zutrauen muss. Ich weiß nicht, warum sie tun, was sie tun. Ich weiß nicht, ob sie darunter leiden. Ich weiß nicht, ob sie gar selbst versuchen, Dinge in die richtige Richtung zu bewegen. Auch mir selbst fällt dies trotz meines Alters immer wieder schwer. Aber nicht nur ich habe in meinem Leben mehrfach die Erfahrung gemacht, dass sich Menschen, die ich als Gegner wahrgenommen hatte, auf einmal als Verbündete entpuppten.

Schließlich brauchte es eine »Erwartungsfreiheit« an den Erfolg von eigenen Anstrengungen und Aktionen, um Druck von uns zu nehmen. Natürlich haben wir immer den Eindruck, dass wir stets zu wenig und zu spät unternehmen – aber wer weiß das schon. Meine Erfahrung, die ich in meinen letzten Büchern schon darlegte und auch während des Hungerstreiks meiner jungen Freundinnen und Freunde vor der Bundestagswahl bestätigt fühlte, ist, dass Gott immer noch ein Ass im Ärmel hat, das wir nicht kennen. Freiheit von Erfolgsabhängigkeit ist ein wichtiges spirituelles Merkmal von Friedens- und Ökoaktivisten: »Ich tue das Richtige, weil es das ist, das jetzt getan werden muss, und weil ich es tun kann.« Oder noch populärer: »Wer, wenn nicht wir? Wann, wenn nicht jetzt?« Dies würde gewiss Zustimmung etwa von Dorothy Day finden, die einst sagte: »Wir müssen bereit sein, offensichtliches Versagen anzunehmen, denn Opfer und Leid sind Teil des christlichen Lebens. Erfolg, wie die Welt ihn definiert, ist kein abschließendes Kriterium für Entscheidungen« (zit. in Shipley, eigene Übersetzung).

Wie groß die Schnittmengen zwischen christlicher Spiritualität und Klimabewegung sein könnten, zeigt folgender Ausschnitt aus dem Extinction-Rebellion-Handbuch »This is not a drill«:

> Indem wir das Ende betrachten, wenden sich unsere Gedanken auch Versöhnung zu: mit unseren Fehlern, mit dem Tod und, einige würden ergänzen, mit Gott [...] Wenn wir der Klimakrise ins Gesicht schauen, habe ich gelernt, kann man Verzweiflung nicht entkommen. Und doch scheint es einen Weg durch die Verzweiflung hindurch zu geben: wenn man liebt. (2019, S. 81f., eigene Übersetzung)

Wenn es stimmt, dass es in den Kämpfen dieser Zeit um eine »moralische Revolution« der gesellschaftlichen Leitwerte geht, dann ist Spiritualität des Widerstands Schlüssel und Brennstoff jeder Bewegung, die einen Unterschied bewirken will. Dabei wird eine solche Spiritualität zu entwickeln, zu erproben und stetig zu verbessern nur im Dialog gelingen – mit Theologen, Psychologen, Künstlern und anderen hochsensiblen Menschen, die ihr Leben schon jetzt an spirituellen Quellen ausrichten, ohne dass sie sich Gedanken über deren Natur und Herkunft machen.

## 13.6 Verpflichtung Deutschlands und Europas

Auch wenn es manchmal so scheint, dass alles schon verloren ist, lohnt sich der Kampf um jedes Zehntelgrad, denn: Die präzise Höhe des Temperaturanstiegs wird auch von Dingen abhängen, die wir noch nicht gebaut haben. Dazu nur ein einziges Beispiel: Wozu sollen wir etwa eine völlig neue Generation riesiger energiefressender Maschinen ohne sonstigen Mehrwert bauen, nur damit diese $CO_2$ aus der Atmosphäre saugen, wenn es mit Wiederaufforstung oder der Wiedervernässung von Mooren genauso oder vielleicht noch besser gelingt? Und der einzige Nachteil ist, dass Konzerne nichts daran verdienen? Deutschland und Europa könnten und sollten mit allem, was in ihren Möglichkeiten steht, vorangehen, und zwar aus zwei Gründen:

Erstens, weil wir eine historische Verpflichtung haben: Unter Klimagerechtigkeitsperspektive muss nicht nur die heutige Übernutzung und Verschmutzung natürlicher Ressourcen berücksichtigt werden, sondern auch jene in der Vergangenheit, denn auch darauf beruht unser heutiger Wohlstand. Tut man dies, dann sind europäische Länder plötzlich in der Spitzenliga globaler Verschmutzer und Deutschland belegt Platz 10. Arme Länder können zu Recht erwarten, dass wir einen Anteil schultern, der dieser Verpflichtung entspricht.

Zweitens, weil es einfach Sinn macht: Selten waren Entwicklungen so eindeutig vorhersehbar. Wer jetzt die nötigen Investitionen tätigt und Innovation vorantreibt, gehört zu den Gewinnern – nicht nur wirtschaftlich, aber eben auch. Zudem ist in einem sozial-ökologischen Umbau angelegtes Geld sinnvoll angelegtes Geld: Investitionen in Prävention sind allemal niedriger als jene, die absehbar in Schadensbehebung fällig werden. Dies gilt auch für Schulden. Und: Soziale Polarisierung ist nicht die automatische Folge. Viele Milliarden ungerechter und schädlicher Subventionen müssten lediglich umgewidmet werden. Zudem: Superreiche Personen und Konzerne sind jene, die vom bisherigen System am meisten profitieren und zugleich am meisten zur Verschmutzung beitragen. Deshalb ist eine Solidarabgabe mehr als gerechtfertigt.

Wenn Deutschland und Europa vorangehen und eine mit Grenzausgleichsabgaben geschützte Wirtschaftszone schaffen, müssen sich alle anderen überlegen, ob sie den Zugang zum weltgrößten Binnenmarkt riskieren wollen. Es käme eine Dynamik in Gang, der sich andere nicht lange entziehen könnten. Freilich: Ein solcher »Klimaclub« von Staaten, die vorangehen wollen, darf seine Märkte nicht gegen jene Staaten abschotten, die technisch dazu nicht in der Lage sind und durch eine solche Abschottung Absatzmärkte für ihre Güter verlieren würden. Wie im Inland durch finanzielle Umlagen Niedrigeinkommenshaushalten geholfen wird, ökologisch bedingte Preisaufschläge im Bereich Energie, Versorgung und Nahrung tragen zu können, bedarf es vergleichbarer Unterstützungssysteme im internationalen Bereich, wenn sie denn als »gerecht« gelten und Akzeptanz finden sollen.

## 13.7 Verpflichtung von Christen und Kirchen

Auf den wichtigen Beitrag von Christen und Kirchen bei der moralischen Revolution wurde bereits hingewiesen (2 und 10.13), ebenso auf die Bedeutung eines Engagements bei der Subversion des bestehenden Systems (11.3). Wie aber sieht es aus mit der Verpflichtung heutiger Christen zu Aktionen Zivilen Ungehorsams und Widerstands?

Dazu beginne ich mit einer Beobachtung von Heinrich Böll, der im Zuge der Nachrüstungsdebatte an Folgendes erinnerte: »Im Taufgelübde [...] werde ich ja aufgefordert, dem Teufel zu widersagen [...] Wir müssen Widerstand leisten gegen die Werbung, gegen alle Sorten von Verführung. Wir sind also auf Widerstand angelegt. Nur keine Angst vor diesem Wort.« (Böll, 1983, S. 145). Auf der Ebene der Institution hilft ein Blick in das Jahr 1998, als Papst Johannes Paul II. den deutschen Katholiken den Verbleib im staatlichen Schwangerenkonfliktberatungssystem verwehrte, weil er meinte, dass dadurch Unrecht, oder wenigstens Unmoralisches, legitimiert werden könnte – dem gelte es sich zu verweigern, um genau dadurch die Ideale des Staates zu schützen. »Wenn die Kirche die unbedingte Achtung vor dem Recht auf Leben jedes unschuldigen Menschen – von der Empfängnis bis zu seinem natürlichen Tod – zu einer der Säulen erklärt, auf die sich jede bürgerliche Gesellschaft stützt, will sie lediglich einen humanen Staat fördern.« (Papst Johannes Paul II, 1998).

Christen können sich dabei von den vielen Vorbildern ihrer Tradition inspirieren lassen – allen voran Jesus von Nazareth –, die nicht nur gegen Unterdrückung, Ausbeutung und Ausgrenzung predigten, sondern auch dagegen vorgingen. Wie oft höre ich, insbesondere nach meiner Strafanzeige wegen Essenretten: »Es wäre ja schon toll, wenn die Welt wirklich nach christlichen Werten leben würde!« Wann, wenn nicht jetzt, kann bewiesen werden, dass das auch heute noch möglich ist?

Dies ist in erster Linie eine Herausforderung an die Angehörigen christlicher Orden, die sich von Papst Franziskus fragen lassen müssen: »Ist Ordensleben für uns ein Rückzugs- und Tröstungsort gegenüber der schwierigen und komplizierten Welt da draußen oder haben wir als Ordensleute eine Vision für eine bessere Welt, die wir umsetzen wollen?« (Papst Franziskus, 2014b, S. 19). Sicher: Klostermauern können von der »Welt da draußen« abschirmen und die Illusion einer heilen Welt vermitteln. Aber ebenso wenig wie die Außengrenzen Klimaflüchtlinge aufhalten werden, können Klostermauern die Auswirkungen des Klimawandels vom Klostergarten fernhalten. Aufgrund ihrer Gelübde sind Ordensleute zudem freier als viele andere Christen: Die Armut befreit sie von der Sorge für den eigenen Unterhalt und Rentenplan. Ehelosigkeit macht sie frei von der Sorge für eine eigene Familie und befreit sie zu einer Sorge für alle Schwestern und Brüder. Und der Gehorsam soll uns von eigenen Sorgen und Bedenken befreien, damit wir offen werden für den Ruf der Leidenden in dieser Welt.

Natürlich kann und wird es viele geben, die das anders sehen. Aber selbst, wenn man als Mitglied der (Volks-)Kirche Aktionen von Zivilem Ungehorsam und Widerstand nicht teilt, so sind alle aufgerufen, sich wenigstens mit den Anliegen hinter diesen Aktionen zu beschäftigen und den Appell für die Dringlichkeit des Anliegens zu erkennen – in unserem Fall das Bestehen des Klimanotstands und die Notwendigkeit eines Systemwechsels. Gerade weil Christen immer noch in fast allen Bereichen der Gesellschaft vertreten sind, haben sie ein großes Potenzial, solche Botschaften zu vermitteln, verständlich zu machen und zu verbreiten und dabei in die unterschiedlichsten sozialen und kulturellen Milieus hinein Brücken zu bauen.

Ob jemand Zivilen Ungehorsam und/oder Widerstand leistet, ist letztlich immer eine persönliche Gewissensentscheidung. Dabei spielt Alter keine Rolle, und es wäre absolut falsch zu sagen: »Das ist eine Aufgabe der Jugend!« Für jede/n kann der Zeitpunkt kommen, an dem er/sie einsieht, dass alles, was er/sie bislang gemacht hat, wie gut es auch gewesen sein mag, den heraufziehenden Problemen nicht mehr angemessen ist. Ist man zu beschäftigt oder alt und krank, kann man auch mit Spenden etwas bewirken. Ist man zu arm, kann man für andere beten oder mit den Nachbarn reden, um Bewusstsein für diese Probleme zu schaffen. Jeder aber möge einen möglichen Beitrag leisten!

## 13.8 Persönliche Verpflichtung

Ich selbst akzeptiere den wachsenden Zorn und die Ungeduld vor allem junger Leute, die sich wegen der Versäumnisse meiner Generation mit den angesprochenen Fragen von Gewalt und Gegengewalt überhaupt erst befassen müssen. Ich erinnere mich gut an Studien wie »Die Grenzen des Wachstums« oder »Zukunftsfähiges Deutschland«. Damals dachte ich: »Oh, da müsste man was tun!« Jetzt leben wir in einer Welt heraufziehender Klimakatastrophen, in der reiche Konzerne und Privatpersonen selbst unter Pandemiebedingungen ihre Vermögen und Macht vervielfachen, während Hunger und Verschuldung neue Rekordmarken reißen. Ebenso machte mich die Begeisterung nachdenklich, mit der Jesuiten aus dem globalen Süden auf die Autobahnblockaden der »Letzten Generation« reagierten und von denen ich Charlie Chilufya SJ in 10.6 zitierte: Alle betonten, dass der globale Süden unter den Folgen von etwas zu leiden hat, dessen Ursachen vor allem im globalen Norden liegen und von dessen Früchten sie zugleich weitgehend ausgeschlossen sind. Liegt hier eine Verantwortung für mich als Mitglied eines weltweiten Ordens, der die Stimme der Ausgeschlossenen hörbar machen soll?

Natürlich habe ich das in meiner Arbeit immer schon getan und dabei viel Gutes erreicht. Kann, soll oder muss ich jetzt zu anderen, drastischeren Mitteln greifen, um in Deutschland, einem wichtigen Knotenpunkt der »Wirtschaft, die tötet«, der Botschaft klarer Gehör zu verschaffen? Kann, soll oder muss ich meinen guten Ruf, meine Position in Kirche und Gesellschaft aufgeben, um stattdessen im inzwischen gehobenen Alter »unvernünftig parteiisch« zu werden auf der Seite der Armen und der jungen Generation? Selbst wenn ich mich dafür entscheide, bleiben Fragen: Wie? Wann? Mit welchen Mitteln?

Für meine Standortwahl hilfreich war der qualvolle und sich hinziehende Unterscheidungsprozess, den Daniel Berrigan laut seiner Biographie in diesen Fragen durchgemacht hat. Irgendwann kam er zur Schlussfolgerung: »Mir wurde blitzartig klar, dass meine Position falsch war. Dass ich mit Wortklauberei meine moralische Substanz zu vernichten drohte. Und die schmutzige Last auf die Schultern der Jugend lud und dort ließ« (Forest, 2017, S. 246, eigene Übersetzung).

Was für Berrigan die Verzweiflung junger Menschen angesichts des Vietnamkriegs war, ist für mich Verzweiflung und Entschlossenheit, Wut und Liebe junger

Menschen im Angesicht heraufziehender Klimakatastrophen. Ihre Selbstlosigkeit und Leidenschaft, mit
der sie nicht nur an sich und ihre Zukunft denken,
sondern auch an das Leiden der Menschen, die im
globalen Süden schon jetzt sterben müssen wegen
unserer Versäumnisse und Trägheit.

# 14 Schlusswort

Diese Wirtschaft tötet. Jahrzehnte schon, absehbar noch viel mehr. Und zwar nicht mehr nur im globalen Süden, sondern vermehrt auch hier bei uns. Der Ukrainekrieg und das trockenste Frühjahr seit Beginn der Wetteraufzeichnungen werden bei uns zu Teuerungen führen – ist es so unvorstellbar, dass es auch bei uns absehbar zu Versorgungsengpässen kommen wird mit all den Folgen, auf die Aktivisten seit Jahren aufmerksam machen wollen?

Warum bremsen wir nicht, obwohl die Wand sichtbar vor uns steht, auf die wir zurasen? Weil es offensichtlich tatsächlich leichter ist, sich das Ende der Welt vorzustellen als das Ende der gegenwärtigen Form des Kapitalismus? Wie in »Einfach anfangen!« dargelegt, hat dies nicht nur etwas mit Fakten zu tun, sondern auch mit Vorstellungsvermögen – sowohl nach vorn, was die Katastrophen betrifft und die Möglichkeit, ein anderes und sogar besseres Leben führen zu können, als auch in der Einschätzung von sich selbst: Warum finde ich mich eher damit ab, dass diese Welt nicht zu retten ist, als dass ich bereit bin, für das zu kämpfen, was noch rettbar ist?

Schaut man sich erfolgreiche Bewegungen Zivilen Ungehorsams und Widerstands an, spielt dort weniger hochgebildetes analytisches Expertentum eine Rolle als charismatische Persönlichkeiten mit einer Vision, einem Traum von einer besseren Zukunft, die Menschen motivieren und mobilisieren. Unvergessen der Ausspruch Howard Zinns: »Sie haben Gewehre, wir die Dichter. Deshalb werden wir gewinnen.« Und wenn eine solche Vision dann noch glaubwürdig vor-gelebt wird, gar mit der Bereitschaft, den Preis für unverdientes Leid zu zahlen, verspottet, verhaftet und eingesperrt zu werden, dann ist dies ein machtvolles Drama, das sich von den Propheten über Jesus und Gandhi bis zu Rosa Parks, Greta Thunberg oder Maria Kolesnikowa wiederholt und die Welt auch heute zu verändern vermag.

Deshalb sind in Zeiten des Umbruchs Erzählungen und Visionen so wichtig, deshalb der Appell an übergeordnete, ja zeitlose Werte und Ideale, auch und gerade, wenn sie zunehmend in Spannung mit aktuell geltenden Gesetzen stehen. Denn genau dies kann ja eine in Aktionen Zivilen Ungehorsams und Widerstands geforderte Kurskorrektur legitimie-ren – jetzt beispielsweise weg vom Neoliberalismus, der Jahrzehnte in Stein gehauen und das unüberbiet-bare Ende der Geschichte zu sein schien. Gelingt es Zivilem Ungehorsam und Widerstand endlich, der Gesellschaft durch unausweichliche Provokationen die Notwendigkeit einer neuen Erzählung vor Augen zu führen und die Bausteine zu zeigen, die hierfür schon existieren? Dann können konkrete Politik,

Recht und Gesetz schnell korrigiert und angepasst werden.

Und weil es so wichtig ist, erlaube ich mir an dieser Stelle nochmals jene »Gegenerzählung« zu zitieren, die für mich Dreh- und Angelpunkt ist:

> Lange genug haben wir Kurzschlüssen geglaubt wie: »Macht euch die Erde untertan! Vertrau der unsichtbaren Hand des Marktes! Die steigende Flut hebt alle Boote! Erfolg beruht auf Leistung! Hast du was, bist du was!« Deshalb konkurrierten wir um die besten Positionen, Karrieren und Gehälter und kauften massenhaft Dinge, die wir zwar nicht brauchten, die aber allen zeigten: »Ich bin besser als du!«

Heute verstehen wir, wie hoch die Kosten dieses Lebens sind: Die Reichen werden reicher, die Armen ärmer. Der gesellschaftliche Zusammenhalt wird ebenso zerstört wie Natur und Demokratie. Die Welt trudelt der Selbstzerstörung entgegen. Zugleich sehen wir, dass es stets Menschen gab, die das nicht mitmachten. Heldinnen und Helden, die trotz Spott und Hohn vorlebten: »Geld allein macht nicht glücklich. Die wichtigsten Dinge kann man nicht kaufen.« Es sind Menschen, die auch andere, lang verdeckte Wahrheiten am Leben hielten: Der Mensch ist ein spirituell-soziales Wesen, auf Kooperation angelegt, nicht auf Konkurrenz. Der Mensch ist Teil der Natur, nicht der Herrscher über sie. Ihr Beispiel steckt uns an: Wir folgen ihnen und entdecken Schätze der Freude und Kraft, von denen wir nicht wussten, dass sie in uns schlummerten. Wir erkennen, wie blind wir waren.

Deshalb rebellieren wir. Wir sprengen die Ketten der Alternativlosigkeit. Wir weigern uns fortan, gegeneinander ausgespielt zu werden. Wir widersetzen uns Aufforderungen zu mehr Konsum und Wettbewerb. Gemeinsam lösen wir die gemeinsamen Probleme. Jeder trägt seinen Teil zum Kampf für Gerechtigkeit und Nachhaltigkeit bei. Mitbestimmungs-, Eigentums- und Produktionsverhältnisse, Arbeit, Einkommen und vieles andere wird neu gewichtet und geregelt. Wir stürzen das Geld vom Thron und machen es zum Diener aller. Materielles Wachstum verliert seine Bedeutung, inneres Wachstum und Streben nach Glück, Sinn und Wohlergehen gewinnen.

Kraftorte wachsen in einem Kampf für eine bessere Welt, der lang und hart sein wird. Aber weil wir durchhalten, wird unserer Erde und allen, die darauf leben, ein glückliches Ende blühen. (Alt, 2021, S. 30ff.)

Wenn also das Jahr 2022 eine Zunahme von Zivilem Ungehorsam und Widerstand aus den Reihen der Klimagerechtigkeitsbewegung erlebt und auch Sie von solchen Aktionen betroffen sind, vergessen Sie bitte nicht: Diese Menschen haben sich ihre Entscheidung nicht leicht gemacht – sie sahen vielmehr keine Alternative dazu, um die Mehrheitsgesellschaft aus dem dahinplätschernden Weiter-So herauszureißen, die Leitwerte unserer Gesellschaft unübersehbar klar vor alle hinzustellen und alle zu einer Entscheidung zu zwingen: dafür oder dagegen? Verständnisvoll oder ablehnend? Dafür nehmen sie Strafe und Gefängnis in Kauf. Bitte regen Sie sich nicht über Aktivisten auf, die auf einen Missstand aufmerksam machen wollen, sondern über jene, wegen deren Handlungsunwilligkeit das alles nötig ist: die Profiteure des Weiter-So.

Liebe Leserin, lieber Leser: Bei der Vorstellung des IPCC-Sachstandsberichts am 28. Februar 2022 meinte der Ko-Autor und Klimaforscher Hans-Otto Pörtner: »Wir befinden uns jetzt in der entscheidenden Dekade. Alle Schritte, die jetzt getan oder unterlassen werden, sind entscheidend für die Zukunft der Menschheit.« Dabei stehen uns alle nötigen Mittel zur Verfügung, um Artensterben und Klimawandel verlangsamen, aufhalten oder gar umkehren zu können. Gesellschaft und Politik müssen »Einfach anfangen!«, wir müssen: »Handeln!«

Tun wir es, merken wir hoffentlich, dass Gandhi auch darin heute noch recht hat: »Zuerst ignorieren sie dich, dann lachen sie über dich, dann bekämpfen sie dich und dann gewinnst du.«

# 15 Literaturverzeichnis

Abadi, C. (10. Februar 2022). *Klima-Flop in Deutschland und USA: Was wäre, wenn Demokratie und Klimaschutz unvereinbar sind?* Von Merkur: *https://www.merkur.de/politik/klima-deutschland-gruene-usa-biden-demokratie-wahlen-internationale-politik-problem-erderwaermung-zr-91290949.html* abgerufen.

Alt, J. (2020). *Handelt! Ein Appell an Christen und Kirchen, die Zukunft zu retten.* Münsterschwarzach: Vier-Türme-Verlag.

Alt, J. (2021). *Einfach anfangen! Bausteine für eine gerechtere und nachhaltigere Welt.* Münsterschwarzach: Vier-Türme-Verlag.

Belcher, O., Bigger, P., & al. (19. Juni 2019). *Hidden carbon costs of the »everywhere war«: Logistics, geopolitical ecology, and the carbon boot-print of the US military.* Von Royal Geographical Society: *https://doi.org/10.1111/tran.12319* abgerufen.

Böckenförde, E.-W. (2007). *Der säkularisierte Staat. Sein Charakter, seine Rechtfertigung und seine Probleme im 21. Jahrhundert.* München: Carl Friedrich von Siemens Stiftung.

Böll, H. (1983). *Kommentar.* In P. Glotz (Hrsg.), *Ziviler Ungehorsam im Rechtsstaat* (S. 144–146). Frankfurt: Suhrkamp.

Bonhoeffer, D. (2015). *Gesammelte Werke* (Bd. 12). Gütersloh: Gütersloher Verlagshaus.

Bönte, M. (April 2021). *Ziviler Ungehorsam im Klimanotstand*. Onlinezeitschrift für Höchstrichterliche Rechtsprechung zum Strafrecht, S. 164–172.

Bundesregierung. (2016). *Weißbuch 2016 zur Sicherheitspolitik und Zukunft der Bundeswehr*. Berlin: Bundesministerium der Verteidigung.

Bundesregierung. (23. August 2019). *Antwort der Bundesregierung auf eine Anfrage der AfD, BTD19/12631*. Von Bundestag: *https://dserver.bundestag.de/btd/19/126/1912631. pdf* abgerufen.

Bundesverfassungsgericht. (17. August 1956). *Urteil des Ersten Senats*. Von Universität Bern: *https://www.servat. unibe.ch/dfr/bv005085.html#Opinion* abgerufen.

Bundesverfassungsgericht. (20. August 2020). *Beschluss der dritten Kammer des zweiten Senats*. Von Bundesverfassungsgericht: *https://www.bundesverfassungsgericht. de/e/rk20200805_2bvr198519.html* abgerufen.

Bundesverfassungsgericht. (24. März 2021). *Beschluss des Ersten Senats*. Von Bundesverfassungsgericht: *https:// www.bundesverfassungsgericht.de/SharedDocs/Entscheidungen/DE/2021/03/rs20210324_1bvr265618.html* abgerufen.

Bürgerrat Klima. (2021). *Empfehlungen für die deutsche Klimapolitik*. Berlin: Bürgerbegehren Klimaschutz.

Carbon Disclosure Project. (2017). *The Carbon Majors Database – CDP Carbon Majors Report 2017*. London: CDP.

Celikates, R. (21. Februar 2022). *Philosoph zu Autobahnblockierer:innen: »Absichtlich rechtswidrig«*. (R. Lang-Fuentes, Interviewer), tageszeitung.

Chenoweth, E. (2021). *Civil Resistance: What Everyone Needs to Know*. Oxford: Oxford University Press.

Der Spiegel. (28. August 1983). *»Diesmal wollen wir nicht schweigen«*. Von Der Spiegel: *https://www.spiegel.de/politik/diesmal-wollen-wir-nicht-schweigen-a-f43dcdf1-0002-0001-0000-000014017888?context=issue* abgerufen.

DIW-Econ. (9. September 2021). *Wieviel Klimaneutralität steckt in den Wahlprogrammen?* Von Deutsches Institut für Wirtschaftsforschung: *https://diw-econ.de/wp-content/uploads/DIWEcon_Wahlprogramme_Plausibilitaetsanalyse_v2.0.pdf* abgerufen.

Dohm, L., & Schurmann, S. (23. August 2021 ). *Die Klimakrise ist nicht ein weiteres Problem auf der Bühne. Sie bedroht die ganze Bühne*. Von Übermedien: h*ttps://uebermedien.de/62847/die-klimakrise-ist-nicht-ein-weiteres-problem-auf-der-buehne-es-bedroht-die-ganze-buehne/* abgerufen.

Dreier, R. (1983). *Widerstand und ziviler Ungehorsam im Rechtsstaat*. In P. Glotz (Hrsg.), *Ziviler Ungehorsam im Rechtsstaat* (S. 54–75). Frankfurt: Suhrkamp.

Dyke, J., Watson, R., & Knorr, W. (22. April 2021). *Climate scientists: concept of net zero is a dangerous trap*. Von The Conversation: *https://theconversation.com/climate-scientists-concept-of-net-zero-is-a-dangerous-trap-157368* abgerufen.

Ellacuría, I. (1993). *Utopia and Prophecy in Latin America*. In: I. Ellacuria, & J. Sobrino, *Mysterium Liberationis: Fundamental Concepts of Liberation Theology* (S. 289–328). New York: Orbis/Maryknoll.

Engler, M., & Engler, P. (2017). *This is an Uprising. How Non-Violent Revolt is Shaping the Twenty-First Century*. Amazon Kindle.

Extinction Rebellion. (2019). *This is not a drill – An extinction rebellion Handbook*. Amazon Kindle.

Forest, J. (2017) *At Play in the Lions Den. A Biography and Memoir of Daniel Berrigan*. New York: Orbis/Maryknoll.

Galtung, J. (1969). *Violence, Peace, and Peace Research*. Von JSTOR: *https://www.jstor.org/stable/422690* abgerufen.

Gesang, B. (25. April 2022). *Ziviler Widerstand: Klimaaktivismus versus Querdenken*. Von taz.de: *https://taz.de/Ziviler-Widerstand/!5846789/* abgerufen.

Glotz, P. (Hrsg.). (1983). *Ziviler Ungehorsam im Rechtsstaat*. Frankfurt: Suhrkamp.

Glotz, P. (1983a). *Am Widerstand scheiden sich die Geister*. In P. Glotz (Hrsg.), *Ziviler Ungehorsam im Rechtsstaat* (S. 7–16). Frankfurt: Suhrkamp.

Götze, S. (7. April 2022). *Wie Saudi-Arabien den IPCC-Report verwässerte*. Von Der Spiegel: *https://www.spiegel. de/wissenschaft/mensch/neuer-weltklimabericht-wie-saudi-arabien-den-ipcc-report-verwaesserte-a-4cce6dd2-5271-48c9-a997-9087abda9940* abgerufen.

Habermas, J. (1983). *Ziviler Ungehorsam – Testfall für den demokratischen Rechtsstaat. Wider den autoritären Legalismus der Bundesrepublik*. In P. Glotz (Hrsg.), *Ziviler Ungehorsam im Rechtsstaat* (S. 29–53). Frankfurt: Suhrkamp.

Hickel, J. (15. November 2021). *What Would It Look Like If We Treated Climate Change as an Actual Emergency?* Von Current Affairs: *https://www.currentaffairs.org/2021/11/what-would-it-look-like-if-we-treated-climate-change-as-an-actual-emergency* abgerufen.

Höntzsch, F. (25. Dezember 2021). *Kann Sabotage friedlich sein?* Von Klimareporter: *https://www.klimareporter.de/protest/kann-sabotage-friedlich-sein* abgerufen.

IPCC. (2018). *Special Report Global Warming of 1.5 °C.* Geneva: IPCC.

IPCC. (2021a). *Assessment Report 6, Chapter 1: The Physical Science Basis.* Geneva: IPCC.

IPCC. (7. August 2021b). *Assessment Report 6: Leaked Version of Chapter 3 - Summary for Policymakers.* Von Scientist Rebellion: *https://scientistrebellion.com/we-leaked-the-upcoming-ipcc-report/* abgerufen.

IPCC. (April 2022b). *Climate Change 2022: Mitigation of Climate Change. Summary for Policymakers.* Geneva: IPCC.

IPCC. (February 2022a). *Climate Change 2022: Impact, Adaptation and Vulnerability. Summary for Policymakers.* Geneva: IPCC.

Jeschke, A., & Malanowski, W. (28. August 1983). *»Gewalt ist so ein gewaltiges Wort«.* Von Der Spiegel: *https://www.spiegel.de/politik/gewalt-ist-so-ein-gewaltiges-wort-a-01cbc77e-0002-0001-0000-000014017920?context=issue* abgerufen.

Leinen, J. (1983). *Ziviler Ungehorsam als fortgeschrittene Form der Demonstration.* In P. Glotz (Hrsg.), *Ziviler Ungehorsam im Rechtsstaat* (S. 23–28). Frankfurt: Suhrkamp.

Lenton, T., Rockström, J., & al. (27. November 2019). *Climate tipping points – too risky to bet against.* Von Nature: *https://www.nature.com/articles/d41586-019-03595-0* abgerufen.

Maier, M. (1992). *Theologie des Gekreuzigten Volkes. Der Entwurf einer Theologie der Befreiung von Ignacio Ellacuria und Jon Sobrino.* Universität Innsbruck: unveröffentlichte Dissertation.

Maier, M. (2015). *Oscar Romero – Prophet einer Kirche der Armen*. Freiburg: Herder.

Malm, A. (2021). *How to Blow Up a Pipeline: Learning to Fight in a World on Fire*. London: Verso.

Mann, M. (2021). *The Climate War. The fight to take back our planet*. Melbourne - London: Scribe.

Maxton, G. (2018). *Change! Warum wir eine radikale Wende brauchen*. München: Komplett Media.

Maxton, G. & Maxton-Lee, B. (2020). *A Chicken Can't Lay a Duck Egg – How Covid 19 can solve the climate crisis*. Amazon Kindle.

Müller, T. (November 2021). *»Wer Klimaschutz verhindert, schafft die grüne RAF«*. (J. Schaible, Interviewer) Der Spiegel.

Müller, T. (12. Februar 2022). Klimakrise: *»Friedliche Sabotageaktionen sind Akte der legitimen Notwehr«*. Von Berliner Zeitung: *https://www.berliner-zeitung.de/wochenende/klimakrise-friedliche-sabotageaktionen-sind-akte-der-legitimen-notwehr-li.211213* abgerufen.

Papst Franziskus. (16. Mai 2013a). *Grußadresse von Papst Franziskus an die neuen Botschafter beim Hl. Stuhl aus Kirgistan, Antigua und Barbados, Luxemburg und Botswana*. Von Vatikan: *https://www.vatican.va/content/francesco/de/speeches/2013/may/documents/papa-francesco_20130516_nuovi-ambas* abgerufen.

Papst Franziskus. (24. November 2013b). *Evangelii Gaudium*. Von Vatikan: *http://www.vatican.va/content/francesco/de/apost_exhortations/documents/papa-francesco_esortazione-ap_20131124_evangelii-gaudium.html* abgerufen.

Papst Franziskus. (28. Oktober 2014a). *Ansprache an die Teilnehmer des Internationalen Treffens der Volksbewegungen*. Von Vatikan: *https://www.vatican.va/content/francesco/de/speeches/2014/october/documents/papa-francesco_20141028_incontro-mondiale-movimenti-popolari.html* abgerufen.

Papst Franziskus. (2. Februar 2014b). *Rallegratevi – Freut euch! Schreiben an alle geweihten Personen zur Vorbereitung auf das Jahr des geweihten Lebens*. Von Orden.de: *https://www.orden.de/dokumente/ok_2014_sh_freut_erforscht.pdf* abgerufen.

Papst Franziskus. (1. Januar 2017). *Botschaft zum Weltfriedenstag*. Von Deutsche Bischofskonferenz: *https://www.dbk.de/fileadmin/redaktion/diverse_downloads/Botschaften/2017-Botschaft-zum-Weltfriedenstag.pdf* abgerufen.

Papst Franziskus. (14. Juni 2019). *The Energy Transition & Care of our Common Home*. Von Vatican: *https://www.vatican.va/content/francesco/en/speeches/2019/june/documents/papa-francesco_20190614_compagnie-petrolifere.html* abgerufen.

Papst Johannes Paul II. (30. Dezember 1987). *Sollicitudo Rei Socialis*. Von Vatikan: *http://www.vatican.va/content/john-paul-ii/de/encyclicals/documents/hf_jp-ii_enc_30121987_sollicitudo-rei-socialis.html* abgerufen.

Papst Johannes Paul II. (11. Januar 1998). *Brief an die deutschen Bischöfe*. Von Vatikan: *https://www.vatican.va/content/john-paul-ii/de/letters/1998/documents/hf_jp-ii_let_27011998_bishops.html* abgerufen.

Rammler, S. (27. August 2021). *Gewaltsamer Widerstand, wenn der Planet weiter stirbt?* (M. Brost, I. Grabitz, &. al., Interviewer) Zeit Online. Von Open Spotify: *https://open.spotify.com/episode/1spEdsY1oyfq9DiFpb8CmK?si=2HkLQHFaRn6e7mSvAKd_-Q&utm_source=copy-link&dl_branch=1&nd=1* abgerufen.

Reiter-Zatloukal, I. (März 2012). *Widerstandsrecht oder ziviler Ungehorsam? Zur rechtshistorischen Einordnung von Widersetzlichkeit.* Juridikum, S. 292–301.

Rezo. (19. Dezember 2019). *Traue Dich, o Christenheit!* Von Die Zeit: *https://www.zeit.de/kultur/2019-12/klimawandel-kirche-klimaschutz-positionierung-bischofskonferenz-rezo* abgerufen.

Rezo. (2021). *Krise: Endgame.* Von Youtube: *https://www.youtube.com/watch?v=Ljcz4tA101U* abgerufen.

Rich, N. (1. August 2018). *Losing Earth: The Decade We Almost Stopped Climate Change.* Von New York Times Magazine: *https://www.nytimes.com/interactive/2018/08/01/magazine/climate-change-losing-earth.html* abgerufen.

Schellnhuber, H. J. (22. September 2021a). *Offener Brief an die Hungerstreikenden.* Von joergalt.de: *https://www.joergalt.de/fileadmin/Dateien/Joerg_Alt/Advocacy/KLima/Schellnhuber_210922_Offener_Brief.pdf* abgerufen.

Schellnhuber, H. J. (24. Oktober 2021b). *»Der Geist ist ein offener«.* (B. Junge, & S. Schwarz, Interviewer) tageszeitung. Von *https://taz.de/Klimaforscher-ueber-Ampel-Verhandlungen/!5807273/* abgerufen.

Schmitt-Roschmann, V. (15. September 2021). *Protestcamp am Reichstag Hungerstreik als letztes Mittel – wie radikal darf Klimaprotest sein?* Von Stern: *https://www.stern.de/panorama/weltgeschehen/hungerstreik-in-berlin--wie-radikal-darf-klimaprotest-sein--30743258.html* abgerufen.

Schubert, K., & Klein, M. (kein Datum). *Das Politiklexikon.* Am 19. Januar 2022 von Bundeszentrale für politische Bildung: *https://www.bpb.de/nachschlagen/lexika/politiklexikon/17566/gewalt* abgerufen.

Schüler-Springorum, H. (1983). *Strafrechtliche Aspekte zivilen Ungehorsams.* In P. Glotz (Hrsg.), *Ziviler Ungehorsam im Rechtsstaat* (S. 76–98). Frankfurt: Suhrkamp.

Schwarz, S. (12. Februar 2022). *Zeit für Notwehr?* Von taz: *https://taz.de/!5831060/* abgerufen.

Semelin, J. (2021). *Ohne Waffen gegen Hitler - Eine Studie zum zivilen Widerstand in Europa.* Göttingen: Wallstein Verlag.

Sharp, G. (2011). *Von der Diktatur zur Demokratie: Ein Leitfaden für die Befreiung* (2 Ausg.). München: C. H. Beck.

Simon, H. (1983). *Fragen der Verfassungspolitik.* In P. Glotz (Hrsg.), *Ziviler Ungehorsam im Rechtsstaat* (S. 99–107). Frankfurt: Suhrkamp.

Thoreau, H. D. (1996). *Von der Pflicht zum Ungehorsam gegen den Staat.* Zürich: Diogenes.

UNISDR. (2015). *The Human Cost of Weather Related Disasters 1995–2015.* Von United Nations Office for Disaster Risk Reduction: *https://www.unisdr.org/files/46796_cop-21weatherdisastersreport2015.pdf* abgerufen.

UNDRR. (2022). *Global Assessment Report on Disaster Risk Reduction – Our World at Risk: Transforming Governance for a Resilient Future.* Geneva: United Nations Office on Disaster Risk Reduction.

Vogt, M. (2021). *Christliche Umweltethik: Grundlagen und zentrale Herausforderungen.* Freiburg: Herder.

Vohra, K., Vodonos, A., & al. (April 2021). *Global mortality from outdoor fine particle pollution generated by fossil fuel combustion: Results from GEOS-Chem*. Von Environmental Research *https://www.sciencedirect.com/science/article/abs/pii/S0013935121000487* abgerufen.

Von Redecker, E. (2020). *Revolution für das Leben. Philosophie der neuen Protestformen*. Frankfurt: S. Fischer.

Wink, W. (2. April 2015). *Der Dritte Weg Jesu – Militante Gewaltlosigkeit*. Von Evangelische Friedensarbeit: *https://www.evangelische-friedensarbeit.de/artikel/2015/der-dritte-weg-jesu* abgerufen.

Xu, C., Kohler, T., & al., &. (26. Mai 2020). Future *of the human climate niche*. Von Proceedings of the National Academy of Science: *https://www.pnas.org/content/117/21/11350* abgerufen.

Zoll, P. (2022). *Sind klimaaktivistische Aktionen wie Autobahnblockaden moralisch rechtfertigbar?* Von Kontrapunkte: *https://kontrapunkte.hypotheses.org/4110* abgerufen.